AF215594

Vorwort

Dieses Buch ist kein wissenschaftliches Untersuchungsergebnis und erhebt keinerlei Anspruch auf Themenvollständigkeit. Somit hält es auch keiner ausgedehnten Fachdiskussion stand.

Ich möchte keine theologische Doktorarbeit vorlegen. Also erspare ich mir spitzfindige Details in den Einzelheiten unterschiedlicher Religionsgemeinschaften.

Es gibt nur meine Überlegungen über die erstaunliche Dummheit der frommen Menschen wieder. Dabei spielt es keine Rolle ob es Eingeborene in irgend einem Dschungel oder zivilisierte Würdenträger einer Weltreligion betrifft. Das perfide Verhalten ist bei allen das gleiche.

Im übrigen werde ich mich bei meinen Ausführungen weitestgehend mit dem Christentum auseinandersetzen. Es steht aber stellvertretend für alle Glaubensrichtungen, denn keine ist schlechter oder besser.

Inhalt

Mein Gott, warum habe ich dich verlassen?

Ein Katechismus für Atheisten

von

Werna Wasser

Religion

Sigmund Freud bezeichnete „Religion als Zwangsneurose und infantiles Abwehrverhalten. In Urzeiten haben die Menschen die Naturkräfte personalisiert und zu schützenden Mächten erhoben."

Wenn man die Frage stellt: Was ist eigentlich Religion, wird eine richtige Antwort nicht einfach zu finden sein.

Selbst dem Wort alleine werden verschiedene Ursprünge zugeordnet. Die dadurch entstandenen Schlussfolgerungen führen zwangsläufig zu unterschiedlichen Deutungen und Auslegungen.

Sich wissenschaftlich mit Religion zu befassen ist, mangels klarer Abgrenzungen, ausgesprochen schwierig.

Da scheint die Frage, wann entstanden Religionen, schon einfacher zu beantworten zu sein.

In jeder Religionsgemeinschaft gab es und gibt es immer noch jemanden der clever ist und gut Geschichten erzählen kann.

Für Christen war es Jesus, für die Islamisten Mohammed und im Regenwald noch heute irgend jemand, den wir Medizinmann oder Schamane nennen.

Religiöse Handlungen galten dem Gedeihen der Feldfrüchte und dem Vieh, sowie dem Jagdglück.

Das Böse sollte von den Häusern, den Ställen ferngehalten werden. Verschiedene Gebetsformen, Opferungen und zauberische Riten dienten diesem Zweck.

Von dem Medizinmann muss man eine Brücke weiter zurück in die Frühzeit der Menschheit machen, um zu erfragen, wie war das eigentlich bei den ersten menschlichen Wesen?

Ab wann konnten sie sich mit Worten verständigen?
Obwohl sie im südlichen Zentral-Afrika als zuerst lebend nachgewiesen wurden, also eigentlich dunkelhäutige Afrikaner waren, sind sie auf allen westlichen Abbildungen als Weiße dargestellt worden. Warum wissen nur "die Götter".

Doch zurück zur Sprache dieser ersten Menschen: Mit welchen "Worten" mögen sie sich Blitz und Donner erklärt haben? Hatten sie schon Götter für diese Himmelserscheinungen oder andere Umwelteinflüsse verantwortlich gemacht? Ab wann begann für sie das Zeitalter der Erkenntnis und des Bewusstseins ihrer Persönlichkeit?

Warscheinlich waren sie zu der Zeit noch weit davon entfernt. Wenn sie wohl noch keine Götter besaßen und dennoch sich zunächst im Orient ansiedelten, mussten sie ganz gut auch so zurecht gekommen sein.

Leider kann damit nicht erklärt werden, wie der Glaube an das überirdische entstanden sein könnte.

Heute glauben die meisten Menschen an Gott, weil man ihnen im Kindesalter gesagt hat, dass es Gott gibt.
Aber wann taten das erstmals die Eltern?

Wir wissen heute, wie z.B. Ein Gewitter entsteht aber was hätten denn die Menschen in der späteren Steinzeit denken sollen, wenn es plötzlich schlagartig hell wird und ein lautes Grollen zu hören ist. Sie konnten soetwas nur mit Geräuschen von großen, mächtigen Tieren vergleichen, die sie vielleicht schon mal gehört hatten. Die Erfahrung hatte sie gelehrt, dass von dem lauten Gebrüll der Tiere Gefahr aus ging, also stellte das Donnern und Grollen des Gewitters für sie ein Gefahrenpotential dar. Doch irgendwann hatte sich bei ihnen mehr Verstand entwickelt. Von echter Intiligenz waren sie aber noch weit entfernt. Dementsprechend glaubten sie ab einen Zeitpunkt an Götter oder gottähnliche Figuren, denen eine Übermacht zur Verfügung stehen musste.

Stellen Sie sich folgende Szene aus der frühen menschlichen Geschichte vor:

Eine Dorfgemeinschaft im Zweistromland sitzt bei Beginn der Dämmerung um das große wärmende Lagerfeuer herum. In der Ferne sind Blitze zu sehen und ein Donnergrollen zieht über die Landschaft. Eigentlich nichts Besonderes. Schon zig Mal vorgekommen. Nun aber kommt jemand auf die Idee die Frage zu stellen, was da wohl vor sich gehen mag. Das war der Augenblick für den cleveren Angehörigen, der eventuell von einem anderen Dorf stammt, mit einer erdachten Geschichte aufzuwarten. Er erklärt den erwartungsvoll zuhörenden, dass ein Überwesen, welches in den Wolken wohnt, den Dorfbewohnern droht. Er gab diesem Wesen auch einen Namen: Donner-Gott!

Dieser Donner-Gott sei möglicherweise erzürnt wegen der schlechten Lebensweise, die in dem Dorf herrschte.

Der Clevere wurde wegen seiner Weisheit bewundert, und ab diesem Tag wurde er immer, wenn es ein Problem oder irgend welche Fragen gab, um Rat gefragt. Er merkte bald, dass er eine Position eingenommen hatte, die ihm Anerkennung und Vorteile verschaffte. So erfand er für alle möglichen Lebenslagen neue Götter und festigte damit seine Position.

Natürlich war er der einzige, der mit den Göttern reden konnte und durfte.

Entweder wurde sein Ruf durch Kontakte zu anderen Dörfern verbreitet, oder Andere waren ebenfalls clever und machten sich als Wanderprediger einen Namen mit ihren angeblichen Kontakte zu Göttern.

Später gab es dann Erzähler mit besonders ausgeprägten Fähigkeiten und Einfluss.

Sie schufen alle Götter ab bis auf einen. Aus dem Alten-Testament kennen wir Abraham bei den Juden. Andere bekannte Persönlichkeiten waren Moses, Jesus und Mohammed. Man könnte sie eigentlich als ersten Priester bezeichnen.

Ein früher Versuch des Pharaos Echnaton nur noch den Sonnengott Ra als einzigen Gott zu etablieren, funktionierte nur so lange er lebte.

Wer kann garantieren, dass es nicht doch verschiedene Götter gibt? Es ist doch vermessen, zu behaupten: Es gibt nur einen Gott!

Nichts von Beidem ist bewiesen! Und wer sagt, welches der richtige ist? Wenn aber alle Götter die richtigen sind, dann gibt es doch zwangsläufig mehrere Götter.

Oder wer hat mit seiner Behauptung recht? Ich möchte den Menschen von damals keine Dummheit unterstellen, im Gegensatz zu den heutigen Gläubigen, denn ihnen fehlte einfach das Wissen von Zusammenhängen der Natur.

Ich finde es aber schon bemerkenswert, dass sich die Weltreligionen wenigstens einig sind, und es nur für sie nur einen übernatürlichen Herrscher geben soll.

Es liegt die Vermutung nahe, dass der Glaube an das Übernatürliche mit dem Beginn und der Erkenntnis des Bewusstseins entstand. Vergleichsweise wird im Alten-Testament die Situation im Paradies beschrieben. Als Adam und Eva, stellvertretend für die Menschheit, die Äpfel vom Baum der

Erkenntnis gegessen hatten, erkannten sie ihre Nacktheit und schämten sich.

Das wiederum bedeutet, wenn die Wissenschaft recht hat, dass die Geschichte mit den Äpfeln vor etwa 1-2 Millionen Jahren statt gefunden hat.

Nun aber Spaß bei Seite.

Was mich beschäftigt, ist die Frage, wann Gott zum ersten Mal im Sprachgebrauch auftauchte und unter welchen Umständen. Es ist unwarscheinlich, dass damals alle plötzlich gesagt haben: Ab Morgen gibt es Gott. Und wenn er von einem Menschen oder eine Gruppe erkannt bzw. erfunden wurde, was war besser an ihm als an all den bestehenden Göttern?

Nun, grundsätzlich wird angenommen, dass die Entstehung von Religionen mit dem Verhalten von uns Menschen zu tun haben muss.

Die Entwicklung zur Selbstwahrnehmung bis zum Selbstbewusstsein trugen weiter zur Entstehung von Religionen bei.

Bedenkt man, dass der Glaube an das Übernatürliche auf der gesamten Erde etwa gleichzeitig entstand, liegt die Wahrscheinlichkeit nahe, dass es sich um eine genetische Veranlagung in uns Menschen handelt. Das ergibt in soweit einen Sinn, wenn wir den Glauben an eine Religion in Zusammenhang mit wichtigen Überlebensvorteilen sehen.

Somit wäre die Entstehung der Religion ziemlich simpel zu erklären.

Natürlich hat sie sich im Laufe der Evolution etlichen Veränderungen unterworfen.

Es bestand während der Entwicklung der Menschheit stets eine Wechselbeziehung zwischen den Religionen und dem Wissen, aber im Grunde ist immer noch bei den Gläubigen eine gewisse Vorteilsnahme bis heute der Grund für das Festhalten an der jeweiligen Religion. Das halte ich nicht gerade für eine fromme Motivation.

Durch die Entwicklung der Selbstwahrnehmung und dem Bewusstsein, vor ca. Zweihundert- bis Einhundert-Tausend Jahren v. Chr. Wurden alltägliche Erscheinungen wie Tage, Nächte, Sonne, Mond und Sterne, Regen, Blitz und Donner, Felsen und alle Pflanzen bewusst wahrgenommen.

Wiederkehrende Erfahrungen führten zu der Erkenntnis, dass es Gegensätze im Leben gab. Himmel und Erde, richtig und falsch, Menschen und Tiere u.s.w. waren Punkte über die sich die Menschen Gedanken machten.

Es wären keine Menschen gewesen, wenn sie nicht hätte wissen wollen, wer das alles geschaffen bzw. veranlasst hat. Die menschliche Neugier ist bis heute immer noch die Triebfeder für die Suche nach dem scheinbar Unerklärlichen. Mit immer besser werdenem Denkvermögen wurden im Laufe der Zeit für alles Mögliche Götter oder Geister erfunden.

Hätten die Menschen schon damals die wissenschaftlichen Kenntnisse über die Entstehung des Universums und den Zusammenhängen in der Natur gehabt, wäre es niemals zu religiösen Glaubensgemeinschaften gekommen.

Doch da es auf die meisten Fragen keine Antworten gab, entstand der Glaube an das Übernatürliche.

Typische Religionsmerkmale wie Rituale, Opferungen, Kulte und bestimmte Tabus sollten dabei helfen, die Götter gnädig zu stimmen.

Um mit dem Gegensatz von einem Diesseits und einem Jenseits klar zu kommen, war das mythische Denken der Menschen zu einer festen Überzeugung gekommen. Es musste Wesen geben, die über alles herrschten.

Magie und Zauberei waren in religionslosen Zeiten in den meisten Fällen nur kurzzeitig wirksam. Charismatische Personen bezwangen vermeintliche Naturgewalten und entwickelten eigene Vorstellungen im Zusammenleben.
Archäologische Funde, insbesondere Grabbeigaben, sind Belege für eine bestimmte Vorstellung von einer Geister- oder Götterwelt in der Vorgeschichte.

Konkrete Übertragungen von schriftlosen Kulturen werden heute jedoch als spekulativ und kaum beweisbar angesehen.

Ob es bereits Glaubensrichtungen hin zu einem Gott oder viele Götter waren kann nicht mit Sicherheit angegeben werden. Dass es aber in etlichen Kulturen schon Spezialisten gab, die angeblich Kontakte zu der Geister- oder Götterwelt hatten, ist nachgewiesen. Sie berichteten in Trance oder hatten scheinbar magische Kräfte.

Die Religionen dienten, und tun es noch heute, dazu, mit dem Geheimnisvollen vertraut zu werden. Dadurch soll die

Angst vor dem Unbekannten verringert werden. Rituale mit Gleichmäßigkeit im Ablauf schafften das Gefühl der Sicherheit. Dennoch nahm das Gefühl der Unsicherheit zu, wenn es klar wurde, dass sich beispielsweise kein Schutz vor Naturkatastrophen einstellte. Das wirkliche Leben konkurrierte immer mehr mit dem Übersinnlichen. So entwickelte sich durch die Religionen der Begriff des heiligen.
Zwangsläufig gelangten die Personen welche angeblich Zugang zu der Geisterwelt hatten, stetig an Ansehen. Wodurch die Bedeutung der Religion zunahm.

Magie und Zauberei waren in religionslosen Zeiten in den meisten Fällen nur kurzzeitig wirksam. Charismatische Personen bezwangen vermeintliche Naturgewalten und entwickelten eigene Vorstellungen im Zusammenleben.

Bilder, Gebäude, oder andere heilige Dinge unterstrichen diese Bedeutung.

Eine hintergründige Frage nach dem Sinn einer mythischen Welt stellte sich zur damaligen Zeit noch lange nicht.

Als die Zahl der Götter im Verlauf der Jahrhunderte ständig größer wurde, erschienen sie den Menschen immer unberechenbarer, und die Ängste vor dem Unbekannten brannten erneut auf. In vielen Religionen wurden Götter als gesetzgebende Wesen angesehen, die das menschliche Verhalten und die Einhaltung dieser Gesetze überwachten.

Da die frühen Götter keine Gestalt oder Aussehen hatten, wurden den olympischen Götter um 700 v. Chr. Von Homer und Hesiod nicht nur Gestalt, sondern ebenfalls Wesen und Zuständigkeiten zugeordnet.

Bei den Juden, den Christen, und dem Islam wurde von einem Menschen ähnlichem Gott ausgegangen.
Alle anderen Religionen wurden und werden als Irrglaube abgetan.
Ich empfinde diese Behauptung als hochgradig vermessen und arrogant. Im asiatischen Glauben wird von einem Bild mit vielen Göttern ausgegangen. In Buddha fand diese Religion ihren Ansprechpartner. Durch ihn hat sich dieser „Irrglaube" aber dennoch weit verbreitet.

Ich kann mich dem Gedanken nicht erwehren, dass nicht Gott den Menschen geschaffen hat, sondern der Mensch sich Gott geschaffen hat. Wie in anderen Glaubensrichtungen auch.

Bei einem Fehlverhalten musste in der Frühzeit der Täter mit Strafen rechnen. Diese konnten aber auch erst nach dem Tod einsetzen, was für Gläubige das schlimmste war. So tat er alles um in seinem Leben in einer anderen Welt besser dazustehen. An eine Seele dachte damals wohl noch niemand.

Um die Gläubigen nicht zu verunsichern und als glaubhafter zu erscheinen, wurden die verschiedenen Überlieferungen vereinheitlicht und ihrem Sinn nach geordnet.

Die Erfindung des Schrifttums war für diesen Vorgang von wesentlichem Vorteil.

Die heiligen Texte nahmen für sich in Anspruch, die einzige Wahrheit zu beinhalten. Jede Form von Zweifel wurde untersagt. Der Gefahr des Verlustes ihrer Glaubwürdigkeit, wussten die Religionsführer dadurch zu begegnen, indem sie nur ihre heiligen Schriften zur einzigen Wahrheit machten. Diese Einstellung hat sich bis heute erhalten.

Leider haben alle Religionen es versäumt sich den kulturellen Veränderungen, welche im Laufe der Jahrhunderte statt gefunden haben, zum

Beispiel der veränderten Sprache und Denkweise, anzupassen. Somit wurden die Texte immer schwerer zu verstehen.

Das ist bei allen großen Religionsgemeinschaften gemeinsam so. Dieser Zustand ist bis heute unverändert.

Viele Gläubige wurden durch auftretende Widersprüche verunsichert und fühlten sich vom seligmachenden, ursprünglichem Geschehen immer mehr entfernt.

Heute darauf angesprochen erwidern die jeweiligen Glaubensvertreter gerne: „Die Bibel oder der Koran sind in Bildern geschrieben."

Warum wurde das bis heute noch nicht geändert? Warum sind weder die Bibel noch der Koran der heutigen Denk- und Leseform angepasst? Eine Überarbeitung ist schon lange überfällig.
In den heiligen Schriften befindet sich versteckt der Hass auf die anders denkenden. Aber das ist kein Wunder, denn die Texte sind in viel früheren Zivilisationsstufen entstanden.

So ist es nur allzu logisch, dass viele sich vom religiösen Glauben abwenden und zu Atheisten werden.

Die meisten Menschen können heute

nämlich gedruckte Worte erkennen und
verstehen!

Volker Dittmar hat da eine amüsante
Schöpfungsgeschichte veröffentlicht:
Es gab keine Zeit, keine Materie, keinen Raum, kein
Universum. Die Logik war noch nicht erfunden, und
es existierten keine Naturgesetze, weil es noch
keine Natur gab. Da strahlten keine Sterne, es
bewegten sich keine Planeten, nicht einmal Sport
wurde ausgeübt.

Kurz, es war verdammt langweilig.

Zunächst erschuf er die Naturgesetze, die das
Universum leiten und regeln sollte. Es gab zwar
noch kein Licht, aber er schuf die Regel, dass
nichts schneller sein durfte als das Licht und alle
die anderen Regeln, die später dazu dienen sollten
die Kinder mit Physik zu langweilen. Er schuf die
Physik, um den Physikern Lohn und Brot zu
geben.............Dann sprach er »Es werde Licht!« und
es wurde hell. Jetzt gab es immer noch nichts,
aber man konnte es sehen. Und aus dem Licht
wurde ein Universum, und außer Gott war niemand
da, der es sehen konnte. Und er beschloss, es groß
zu machen, und noch größer, und er erschuf die
Zeit, und den Raum, und aus der Energie die

Materie. Und er drehte und schraubte an den Naturkonstanten der neu erstandenen Natur so lange herum, bis alles funktionierte.

Lange Zeit sah er zu und beschloss, auf einem kleinen, unbedeutenden Planeten am Rand einer von Hunderten von Millionen von Galaxien mit Hunderten von Millionen Sternen Leben zu erschaffen.

Und so geschah es, denn seine Macht kannte keine Grenzen. Und sein Wissen auch nicht, und so wusste er, dass er Leben erschaffen würde, wie es sich entwickeln würde, und was alles passieren würde. Und aus dem Leben wurden Menschen, und er wusste, sie würden ihm nicht gefallen, und er musste sich selbst später auf die Erde senden, sich von ihnen umbringen lassen, wiederauferstehen und so alles reparieren, was schief gelaufen war.

Und so kam es auch. Und er dachte sich, wer das alles nicht glauben sollte, der müsse bestraft werden, und er erschuf Engel. Er wusste, dass einer rebellieren würde, und er brauchte einen Verwalter für die Hölle, die er schaffen würde, um die zu bestrafen, die das alles nicht glaubten. Und er wünschte sich, dass die Hölle leer sein würde, und dass er diese kleinen, undankbaren Bastarde nicht würde bestrafen müssen. Wegen der ganzen Fehler, die er ihnen angedeihen ließ, müsste er sie bestrafen, oder auch nicht.

Dann erfand Gott das Gebet und verpflichtete seine Geschöpfe, telepathisch mit ihm zu kommunizieren. Um ihn zu lobpreisen, und damit sie ihn bitten konnten, Ausnahmen von den Gesetzen der Natur zu machen. Was er nach Lust und Laune auch tat oder nicht tat, bis jemand die Kamera erfand. Da konnte er ihnen nicht mehr helfen, denn sonst hätten sie ja gewusst, dass er existiert. Das wollte er aber nicht, er wollte schließlich dafür bestrafen, wenn jemand nicht an ihn glaubte.

Und er liebte sie alle, auch wenn er eine Hölle geschaffen hatte, um die dahin zu senden, die ihn nicht liebten. Und weil seine Liebe bedingungslos war, schuf er ein großes Werk, die Bibel, in denen er ihnen genau vorschrieb, dass sie ihn zu lieben hatten. Und als er selbst auf der Erde war, drohte er ihnen gleich mit der Hölle, wenn sie von ihrem freien Willen Gebrauch machten und ihn nicht dafür liebten, sie mit der Hölle zu bedrohen.

Viele glaubten ihm, sie erschufen Kirchen und viele weitere Regeln, und große Uneinigkeit darüber herrschte unter ihnen, denn niemand wusste, wie man Gott am Besten gefiel. Und die, die es nicht recht machten, die bestrafte er dafür. Oder auch nicht, das weiß ja keiner.

Und siehe da, nichts ergab einen Sinn.

Natürlich würde die Kirche nie die Entstehungsgeschichte dermaßen platt und schnörkellos formulieren. Es könnte ja sein, dass viele es verstehen.

Der Verdacht liegt nahe, dass die Weigerung zur Anpassung dieser Glaubensgemeinschaften einen oder viele Gründe hat. Wahrscheinlich befürchten sie, dass viele der mystisch formulierten Textphasen verschwinden würden und somit auch das geheimnis= volle. Womit der Einfluss der Religionsführer nachlassen würde.

Dogmatismus und fundamentalistische Einstellungen lassen eine Anpassung an die modern Zeit nicht zu. Das kann verständlicherweise nicht im Interesse der Religionsführungen liegen.

Seit im 19.Jahrhundert verschiedene Sekten entstanden sind und der vermehrten Globalisierung von Erfahrungen, bildete sich für die

Gemeinschaft der Gläubigen vermehrt Konkurrenz. Nun standen bei religiösen Fragen deutlich mehr Ansprechpartner zur Verfügung.

John Lennon soll einmal die Kompromissformel „Hört auf, Euch gegenseitig zu reformieren." geprägt haben.

Recht hatte er! Mit mehr Toleranz untereinander, hätten viele Kriege vermieden vermieden werden können. Millionen Menschen hätten nicht sterben müssen. Zumindest nicht wegen ihres religiösen Glaubens.

Über die Güter und Schätze, die durch Glaubenskriege gesammelt wurden, möchte ich mich gar nicht erst äußern.

Die stärkste Form des Versagens ethischer und religiöser Normen stellen Religionskriege und andere Gewalttaten dar, die eben aus religiösen Gründen begangen wurden. Um nur einige aus dem christlichen Bereich zu nennen sind die Hexenverfolgung, die Hugenottenverfolg= ung, der 30jährige Krieg, Krieg in Nordirland und selbst die Verfolgung des Templer Ordens. Warum bekämpften und töteten sich Christen gegenseitig?

Welch ein Schwachsinn!

Warum töten fromme Christen und Gläubige überhaupt?

Heißt da nicht ein göttliches Gebot: Du sollst nicht töten?

Schätze rauben und Gebäude von Andersgläubigen zerstören und sie zu töten hat nichts, aber rein gar nichts, mit der Verbreitung und dem bewahren des eigenen Glaubens zu tun.

Doch darum scheint es den religiösen Machthabern auch nicht wirklich zu gehen. Der IS ist ein neuzeitliches Beispiel für eine vorgeschobene Glubensfrage. In Wirklichkeit geht es wie immer um Macht, Stärke und größere Einflussnahme auf die Bevölkerung.
Der IS hat sich zum Wahlspruch gemacht, dass ein islamischer Staat nur bestehen kann, wenn nach Allahs Gesetz gehandelt wird. Dazu wird die Macht, ein Buch, das den Weg weist, und ein Schwert, das der Religion zum Sieg verhilft genutzt.
Zuviele Muslime glauben, dass Gott sie und ihre Gedanken überwacht und jeden Fehltritt bestraft. Was sie aber nicht davon abhält die Gebote zu missachten. Sie fühlen sich danach als Sünder und treiben sich in eine innere Abhängigkeit zum IS.
Der weiß das geschickt auszunutzen.
Aber der Dschihad ist nur ein aktuelles

Beispiel.
So oder so ähnlich wurden und werden alle "religiös motivierten" Kriege dem Volk verkauft. Ja, der Dschihad ist sicherlich nicht religiös, aber dafür wie alle Kriege unerbittlich grausamm.

Den während des Krieges entstandenen materiellen Verlusten wird der gleiche Stellenwert beigemessen wie den materiellen Opfern aus religiösen Gründen. Das wiederum fördert die Bereitschaft Nachteile hinzunehmen. Weniger Lebensmittel oder erhöhte Steuern sind nur zwei Nachteile. Dafür wurden den Kämpfern bei den Kreuzzügen religiöse Vorteile in Form von vollständigem Ablass versprochen. Im Islam wird bis heute der sofortige Eintritt ins Paradies garantiert, falls sie bei ihren Einsetzen für Allah und seinen Glauben sterben sollten.

Aber das schien und scheint diese Doppelmoralischen bis heute überhaupt nicht zu interessieren.

1762 benannte Jean-Jacques Rousseau in einem bedeutendem Werk die Religion grundlegend als Quelle von Kriegen und Machtmissbrauch.

Wenn dann ein Kirchenmann vor eine Fernsehkamera tritt und sagt, dass die

Gräueltaten nur von Fanatikern begangen werden, dann läuft mir die Galle über! Warum unternehmen die „Glaubensfürsten" nicht gemeinsam etwas dagegen? Sie könne ja ruhig an ihren Glauben festhalten, aber deshalb muss doch kein andersgläubiger Mensch sein Leben lassen!

Doch nicht mehr in der heutigen Zeit!

Eine bis heute geltende Deutung für Religion stammt aus dem antiken Sprachgebrauch und heißt soviel wie bewahren und erhalten.

Doch was ist heute noch von den alten Religionen erhalten?

Wie hoch ist die Prozentzahl derer, die sich als glaubend bezeichnen und nach den Vorstellungen ihrer Religionsgründer leben? Ich vermute, dass es nicht mehr als Zehn Prozent sein werden.

Nach dem Mitbegründer der Soziologie Emile Durkheim, ist Religion ein solidarisches System, das sich auf Praktiken und Überzeugungen die sich mit, als heilig zu betrachtenden Dingen und einer moralischen Lebensauffassung befasst und die Gläubigen miteinander verbindet.

Weiter bezeichnet Durkheim den Glauben als ein Element der Macht das die herrschende Gesellschaft über die Mitglieder der Glaubensgemeinschaft ausübt.

Religion sollte eine orientierende Funktion haben. Aber gleichzeitig grenzt sie die Freiheit ein und verwehrt Veränderungen. Denken wir an die Reformation und den Widerstand der katholischen Kirche.

Mönche aus den Gründerzeiten ihrer Religionen sahen es als ihre erste Aufgabe an, den Glauben zu verbreiten und somit zu bewahren. Bis sie sich irgendwo niederließen, ein Kloster errichteten und daraus ein Wirtschaftsunternehmen wurde. Dann war das mit der Verbreitung vorbei.

Ludwig Feuerbach betrachtete 1841 Religionen nicht mehr als Menschen verpflichtend sondern als völkerkundliches Forschungsgebiet.

Wen wundert da die These von Marx, in der er die Aufhebung der Religion, die nur illusorisches Glück vorgaukelt, fordert.

Wer hat die Menschen gezählt, die als Opfer bei religiösen Ritualen ihr Leben lassen mussten? Tierliebhaber werden auch die ungezählten Schafe, Rinder oder sonstige Tiere mit anführen wollen. Und das alles nur wegen eines Glaubens an irgend Etwas, das gesagt haben soll: Wenn ihr opfert, wird alles besser.

Religionen unterliegen bestimmten Verhaltensvorgaben. Als Beispiel seien hier die 10 Gebote der jüdischen und christlichen Glaubensgemeinschaften genannt.

Es sind eigentlich im wesentlichen Regeln, die für ein friedliches Zusammenleben unabdingbar sind. Dazu braucht es keinen Gott und keine Religion, sondern nur gesunden Menschenverstand.

Wenn Moses je wirklich die 10 Gebote, von Gott in Felstafeln geschrieben, „seinem" Volk übergeben hat, dann war das ein gelungener Schachzug eines intelligenten Anführers.

Er hatte ja behauptet, dass Gott sie mit Blitzen in die Tafeln verewigt habe. Ich aber behaupte, dass er nach viel Überlegung wie er die Juden zu einem einheitlichen Volk zusammen halten konnte, auf die Idee mit den 10 Geboten kam.

Am Berg Sinai ließ er das Volk rasten, hat sich das notwendige Werkzeug mit genommen und ist auf den Berg gegangen. Sich die Tafeln zu steinmetzen, dürfte für ihn keine Schwierigkeiten bereitet haben.

Schließlich war er nicht nur eine Stunde auf dem Berg, sondern einige Tage.

Selbst der Gläubigste wird zugeben, dass es heute ohne technische Hilfsmittel nicht möglich sein kann, mit Blitzen eine Schrift zu erstellen.

Warum soll das damals möglich gewesen sein? Wetten, dass die folgende Antwort kommt? Antwort: Weil Gott das kann - !

Was mir ständig aufstößt, ist zu sehen, wenn religiöse Menschen vor irgendwelchen Reliquien knien und sie anbeten. Ein Tuch, das irgend eine verdiente Nonne als Kopftuch oder Schal getragen hat, und sie nach ihrem Tot von irgend einem Papst heilig gesprochen wurde, wird dann angesprochen, als wäre es die Nonne persönlich.

Es werden die "Mutter Gottes", die "heilige Barbara", der "heilige Christopherus" oder sonst jemand heiligen angerufen. Ist das nicht schon fast eine Götzenverehrung? Warum wird nicht Gott angerufen?

Es gibt für beinahe jeden Beruf einen oder etliche Schutzpatone, nur für die Berufgruppe der Wissenschaftler gibt es keinen.
Warum nicht? Benötigen sie keinen?
Da werden mit Nachbildungen von sakralen Objekten weltweit Millionen von Euro und Dollar verdient, nur damit sich ggf. in den eigenen Vier Wänden irgend etwas anbetungswürdiges befindet. Das soll dann den Gläubigen vor Elend und Unglücken beschützen. Auch das sehe ich als Götzenverehrung an.

Sicherlich sind in der Welt etliche Häuser unter Erdrutschen begraben worden in denen ein Kruzifix, eine Maria, ein Buddha oder irgend ein anderes sakrales Relikt zum Schutz angeschafft worden war. Das gleiche gilt natürlich für ein Taifun, Erdbeben, Hochwasser oder sonstige Naturkatastrophen.

Wenn sich in nur einem Bruchteil dieser Häuser ein anbetungswürdiger Gegenstand befand, kommt man bestimmt auf eine Zahl, die bis Heute in die Millionen geht. Aber die Überlebenden solcher Unglücke kommen selten auf die Idee,

dass ihr Glaube eventuell ein unkluger Irrglaube war. Und das, obwohl ihr Haus oder Hof total zerstört wurde.
Es sind intelligente, zivilisierte Menschen die hingehen und sich erneut solch ein „schützendes" Objekt kaufen. Sollte man da nicht schon von Dummheit reden?

Ebenso wird den religiösen Riten vor Unglück schützende Wirkung zu gesprochen. Weder Gottesdienste, Meditation, Opfergaben, religiöse Ekstase, Liturgie, Gebete, Prozessionen und auch Wallfahrten haben nachweislich etwas bewirkt. Den Wallfahrten (warum heißen sie Fahrten? Es wird doch immerzu gegangen!) kann ich wenigstens noch etwas positives abgewinnen: Bewegung, somit auch die Fortbewegung zu Fuß, soll ja ausgesprochen vorteilhaft für die Gesundheit sein.

Es entlockt mir immer ein verständnisloses Kopfschütteln, wenn ich eine katholische Prozession sehe. Hinter dem vermeintlichen heiligen Relikt gehen die ach so frommen Gläubigen. Ich weiß aus Erfahrung, dass eine Vielzahl derer im Leben böse Menschen mit einem zu verachtendem Gedankengut sind. Deren Charakterstärke Lügen, verwerflicher Egoismus und

Intriganz sind.

Was ich damit anklagen möchte, ist die Scheinheiligkeit die durch alle Glaubensgemeinschaften geht. Selbst an den Wurzeln: Bei den Mönchen, Priestern bis hinauf zu den religiösen Führungspersönlichkeiten ist diese Scheinheiligkeit vertreten.

Doch was ist religiöser Glaube?

Der Volksmund sagt: Glauben heißt nicht wissen.

Auf religiösen Glauben bezogen steht in der Bibel unter -HEBR 11,1- geschrieben was Glaube ist: „Feststehen in dem, was man erhofft, überzeugt sein von Dingen die man nicht sieht."

Ich stehe fest im Glauben, dass ich irgendwann einmal einen größeren Lottogewinn haben werde, sonst bräuchte ich nicht zu tippen. Ich glaube auch an Dinge die ich nicht sehe. Ich denke da an Moleküle oder Atome. Es geht also auch ohne Religion.

Die vom religiösen Glauben geprägte Lebensführung wird als Frömmigkeit bezeichnet.

Ich lebe im Allgemeinen nach den Zehn Geboten. Oder richtiger nach Neun Geboten, denn natürlich nicht nach dem

Ersten. Es geht tatsächlich ohne irgend eine Religion.
Seit einiger Zeit bewegt mich die Frage, ob in dieser aufgeklärten Welt eigentlich noch für religiösen Glauben Platz ist.

Dass ich mit meinen Zweifeln nicht alleine bin, konnte ich Gesprächen, Äußerungen, der Literatur und demoskopischen Umfragen entnehmen.

Besonders dann sind meine Zweifel gerechtfertigt, wenn ich an all das Elend denke, welches durch fanatische Religionskriege verursacht wurde und weiterhin immer noch geschieht. Ich bin sicher, dass die Zahl der Menschen, die ein Seelenheil durch den Glauben an ihre Religion erfahren haben, nur einen winziger Bruchteil ist, im Vergleich zu denen, die unter den Religionen gelitten haben.

Der Glaube an Götter, Götzen oder Gott hat mit Sicherheit mehr Not als Freude verbreitet. Dennoch wird weiterhin am Glauben festgehalten

Ich kann es noch verstehen, wenn irgendwo in einem Regenwald Menschen, die noch so leben wie wir Europäer vor 5 000 Jahren, an Götter glauben. Sie verfügen über keine Bücher, Zeitungen,

Radios, Fernseher, Telefone oder gar ein Internet. Diese Flecken auf der Erde sind zwar selten geworden aber sie gibt es noch.

In den letzten 20 Jahren hat aber die Entwicklung auf dem Microship-Markt eine dermaßen schnelle, weltweite Verbreitung durchgemacht, dass selbst in dörflichen Gegenden, im tiefsten „Hermudistan" mit Handys Selfies gemacht werden. Das bedeutet im Umkehrschluss, dass die Bevölkerung dort weiß, was in der Welt vor sich geht.

Zunächst war, oder ist es noch, eine Minderheit, aber mit der Zeit sollte sich auch dort so etwas entwickelt, das wir Intelligenz nennen.

Was aber geht in den Köpfen der angeblichen Intelligenz wie Professoren, Naturwissenschaftler, Bänkern oder gar Politikern vor?

Obwohl es, zumindest für die Juden und Christen, bewiesen ist, dass die Erde nicht in sieben Tagen entstanden ist, gehen sie ihren Religionen nach, wie im tiefsten Mittelalter.

Wer hat eigentlich die Schöpfungsgeschichte verfasst? Die Propheten des Altentestamentes haben ja warscheinlich Gehörtes nur Aufgeschrieben, denn sie konnten mit Sicherheit nicht dabei gewesen sein. Das Leben von Adam und Eva wirft genauso Fragen die Frage auf, wie wohl die weitere Vermehrung der Menschen stattgefunden hatte. Nachdem Kain seinen Bruder erschlagen, und er seine Eltern verlassen hatte, nahm er sich eine Frau (!?). Wo kam die bloß her?

Wissenschaftler haben sich einigen anderen Fragen gewidmet. Auf der Suche nach dem Garten Eden ist sich eine untersuchende Forschergruppe sicher, ihn im Zweistromland bis zum Persischen Golf gefunden zu haben. Auf Grund des damaligen Klimas und der geografischen Gegebenheiten auf der Erde, beispielsweise andere Meeresspiegel, war im Orient der Boden noch feucht und fruchtbar. An die vorherrschende Trockenheit wie sie in den letzten Fünftausend Jahren entstanden ist, war zur Zeit des Garten Eden noch nicht zu denken. Ebenfalls war der Küstenverlauf ein anderer. Somit konnten sich dort jede Menge Pflanzen ansiedlen. Genau durch dieses Gebiet sollen die ersten "Aussiedler" aus dem südlichen Afrika auf ihren Wegen nach Asien und Europa gezogen sein. Sicherlich sind einige zunächst auch im Orient geblieben. Vielleicht ist dann dort die Geschichte von Adam und Eva entstanden.

Auch die wundersame Rettung von Noah und seiner Familie scheint zumindest teilweise erklärbar zu sein. Es wird angenommen, dass Noah in der riesigen Talkule, in der sich heute das Schwarze Meer befindet, gelebt hatte.
Der ansteigende Meeresspiegel weltweit und danach dann im Mittelmeer, lies die schmale Landzunge des heutigen Bosporusses bersten, und die Fluten ergossen sich in die sich dahinter befindliche Talsenke. Dadurch bildete sich das Schwarze Meer. Somit ist auch Noahs "Landeplatz" in der Nähe des Berges Arart nachvollziebar. Da aber beide Gipfel in der heutigen Zeit schneebedeckt sind, ist davon auszugehen, dass sie es auch damals waren. Immerhin waren sie damals mindestens 5137 m beziehungsweise 3896 m hoch. Somit wird Die Arche sicherlich auf der Ebene unterhalb davon gestrandet sein.

Aber mit wem bildeten die Enkel von Noah weitere Familien, die anderen Menschen waren ja alle tot, oder?

Selbst die "Teilung" des Roten Meeres duch Moses ist schon beinahe wissentschaftlich erklärt worden. Es soll mit Ebbe und Flut und der dort herrschenden Bodenbeschaffenheit zusammenhängen. Es gibt noch etliche Wunder die entzaubert wurden. Warum hat niemand ein Interesse daran, dass zumindest diese Passagen in der Bibel richtig gestellt werden?

Aber nein, die Gläubigen halten weiterhin an den alten Märchen fest. Und obwohl sie wissen, dass es keinen Himmel gibt, wird von der Christenheit, den Juden, den Islamisten und wer weiß wie viele Glaubensgemeinschaften noch, eine Gottheit im Himmel angebetet.

Dass in früheren Zeiten die christliche Kirche von Galileo Galilei verlangte seine These vom damaligen Weltbild zu widerrufen, ist durchaus noch nachvollziehbar. Die Menschheit, somit auch der Klerus, hatten von den tatsächlichen Gegebenheiten im Weltall noch keine Ahnung. Anstatt sich aber den Beobachtungen des Wissenschaftlers zu öffnen, bildete sich schon damals die Halsstarrigkeit und der dumme unbeugsame Glaube aus.

Diese Sturheit hat sich über die Jahrhunderte bis in unsere Zeit gehalten. Jeder weiß um die Thematik des „Urknalls", aber es wird weiterhin an den überlieferten, und somit überholten, Geschichten festgehalten.

Um im Zeitalter der Raumfahrt bestehen zu können, müssen die Entstehungsgeschichte und viele weitere religiöse Erzählungen neu geschrieben werden.
Dann bleibt natürlich von der „Heiligen Schrift" nichts weiter übrig, als ein interessantes Geschichtsbuch. Ich habe es unter diesem Gesichtspunkt gelesen und muss sagen:
Es war sehr interessant.

Religionen versuchen selbstbewussten, intelligenten Menschen auf eine Art und Weise in ihrer Denkfähigkeit einzuschränken, die ausgesprochen lächerlich ist.

Es gibt die Meinung, dass Religion der Schalter für das Aus im Gehirn sei. Ich reihe mich gerne ein in die Schlange, derer welche diese Meinung vertreten.

Wenn man gelernt hat selber zu denken, erkennt man, dass die eigene Intelligenz hilfreicher ist als alle Religionen.

Sie zwingen unser Denken und Leben in vorgefertigte Perspektiven und beschneiden unsere Fähigkeiten die Realitäten wahrzunehmen wie sie eben nun einmal sind.

Alle Religionen haben zum Ziel den Gläubigen den freien Willen zu entziehen und sie dann zu unterwerfen.

Ein berühmte Sozialist hat einmal vor vielen Jahren behauptet, dass Religion das Opium für das Volk sei. Wenn er vielleicht auch nicht in allen Lebensbereichen Recht hatte, so trifft es doch auf einen großen Bereich des Denkens bei vielen Menschen zu. Wie kann es sonst sein, dass Religionsführer entgegen ihren Lehren sich dazu hergeben kriminelles Verhalten und unmoralische Aktivitäten in unteren Instanzen zu vertuschen oder solange zu verdrehen bis endlich eine „Wahrheit" daraus geworden ist?

Und die Gläubigen, was machen sie dagegen? Nichts! Sie geben sich der Hoffnung hin, durch Gebete Hilfe von „oben" zu bekommen. Das ist für sie oft die bequemste Art ihr Leben zu verbessern, oder einen Schuldigen für ihre Fehler und Unzulänglichkeiten zu haben.

Es ist ein stümperhafter Versuch, der nie von Erfolg gekrönt sein wird.

Wenn es doch so erscheint, dann war es Zufall, und die Verbesserung wäre sowieso eingetreten.

Sie sind sogar bereit in vielen Teilen der Welt dafür zu bezahlen, dass sie glauben dürfen. In Deutschland heißt dieser Obolus dann Kirchensteuer.

Wenn man einer Religion Geld gibt, egal ob als Steuer oder als Spende, unterstützt man zu großen Teilen auch das Machtempfinden der Führungen und fördert die eigene geistige Versklavung. Dafür bieten sie uns gegen Geld Dienste an, die wir zum selbständigen Leben nicht benötigen.

Wir werden zu einem Essen eingeladen (Abendmahl), es dürfen verheiratete ein 2. Mal heiraten (Trauung), etwas für unnötig betrachtete Haut wird entfernt (Beschneidung), nicht nur an heißen Tagen etwas Wasser auf den Kopf geträufelt (Taufe), Knaben werden zu Männern ernannt, Dämons werden vertrieben, und sogar die Sünden werden vergeben.

Das ist doch schon allerhand! Dafür kann man doch schon einen Taler springen lassen!

Natürlich gibt es einige Menschen die in religiösen Einrichtungen wie Kindergärten, Krankenhäusern Altenheime und anderen karitativen Vereinen wertvolle Arbeit leisten. Natürlich kostet das alles viel Geld und irgendwo muss es ja herkommen, aber muss ein führender Gottesdiener Unsummen an Gehalt bekommen für Tätigkeiten die andere verrichten?

Er ist doch keine Abteilungsleiter oder Chef irgend einer Firmen mit Verantworung für Tausende. Die aber immer noch übrigbleibenden Summen werden gehortet, auf dass das Vermögen immer größer wird. Das grenzt schon an Habgier.

Würden die Kirchen anstelle der Vermögensvermehrung ihren sozial Tätigen deutlich bessere Gehälter bezahlen, würden sich sicherlich vielmehr eine solche Tätigkeit erlauben können. Doch wer eine Familie ernähren muss, oder einfach nur am durchschnittlichen Konsumverhalten teilhaben möchte, kann nur in den seltesten Fällen für einen "Hungerlohn" noch Anderen helfen.

Engel

Ein großes Fragezeichen steht bei mir hinter dem Begriff Engel. Was sind Engel? Echte Lebewesen oder imaginäre Wesen ohne eine äußere Form? Wenn ja,

warum werden sie menschenähnlich mit
Flügeln dargestellt?
Für Augustinus war der Begriff "Engel"
die Bezeichnung einer Aufgabe.
Nach der kirchlichen Lehre zeigt Gott
in den Engeln seine Nähe zu den
Gäubigen. Im alten Testament wird das
Umfeld Gottes oft mit einem Hofstaat
von Engeln mit den unterschiedlichsten
Aufgabenbereichen dargestellt. Das Neue
Testament schließt sich dieser
Auffassung an. Wundersam ist auch die
Tatsache, dass in der christlichen
Kunst des 3.Jahrhundert die Engel ohne
Flügel abgebildet wurden. Dort sah man
sie mit einer Buchrolle oder einem
Botenstab. Selbst Engel mit Bärten
waren keine Seltenheit. Erst
Vierhundert Jahre nach der Geburt von
Jesus kam jemand auf die Idee ihnen
Flügel zu verpassen. Engel wurden als
Gehilfen von Gott ebenso verehrt wie
Gott selber. Doch im späten Mittelalter
wurde der Engelkult von der sich
ausweitenden Heiligenverehrung drängt.

Über die Anzahl der Engel war man sich
aber immer uneinig. Im 15.Jahrhundert
legte die Kirche fest, dass an Stelle
der sieben Erzengel nur drei biblische
Engel verehrt werden dürfen. Als 1516
bei der Renovierung der Kirche

S. Angeli in Palermo ein Fresko mit den
sieben Engeln auftauchte wurde dennoch
diese Kirche mit den Engelfürsten
geweiht.

"Konsequent" waren sie schon damals
nicht, die Kirchenfürsten!(?)

...Dafür aber schon unglaubwürdig!

Also, mir fehlt eine schlüssige und
sinnvolle Antwort auf die Frage, was
Engel sind, und wie sie einem Gläubigen
erscheinen.

Der Teufel

Der Teufel ist den meisten Menschen
durch Abbildungen als eine rote Figur
mit Hörnern, einem Pferdefuß, einem
Schwanz und einer schwarzen Behaarung
bekannt. Doch in verschiedenen
Religionen wird er oft als Engel mit
schwarzen Flügeln dargestellt. Fast
immer aber nimmt er die Positioneines
eigenständiges, übernatürliches Wesen
ein, das das Böse pernsonifiziert.

Je nach Religion, Geografie oder Epoche
wird er mit unterschiedlichen Namen
bezeichnet. Der jüdische Name ist
ha-Satan und unterscheidet sich
deutlich in der Vorstellung des Satan
des Christentums und im Islam. Im
jüdischen Tanach ist er ein Ankläger am

göttlichen Gerichtshof. Die häbräische Bezeichnung Satan bedeutet soviel wie "Ankläger". Logischerweise kann der Titel Satan somit verschiedenen Engeln verliehen werden. Er wird auch nicht personifiziert, oder gar als das Böse angesehen. Bei den Juden wird das Böse und das Gute als je eine Seite einer Zusammengehörigkeit angesehen. Wie sie in Gott begründet sind. Wenn einem Engel in einer Erzählung der Titel eines Satans verliehen wurde, handelte er niemals eigenmächtig und nicht nach eigenem Willen. Immer ging ein Auftrag von Gott seinem Tun voraus und er stand immer unter der Kontrolle des Willen von Gott.

Eine deutliche Darstellung findet sich im Buch Hiob. In der Erzählung wird eine Situation am himmlischen Gerichtshof geschildert, in der es zu dem Vorwurf an Gott kommt. Satan hatte behauptet, es würde keinen Menschen geben, der Gott in jeder Situation, in dem es ihm schlecht gehe, treu bliebe. Im Num 22 handelt Satan nicht negativ, sondern er wird von Gott gesandt um schlimmes zu verhindern. In anderen jüdischen Erzählungen im europäischen Mittelalter wurde der Titel Satan gelegentlich einem Engel, der sich gottgleich fühlte, gegeben und von Gott verstoßen. Dadurch wurde der Teufel, der nun auch hier Satan oder Luzifer hieß, im Christentum zum Inbegriff des Bösen. Er wurde als gefallener Engel bezeichnet.

Einige wenige Gemeinschaften der christlichen Kirche lehnen das Dasein des Teufels in Form eines reales Wesen des Bösen sogar ab.

Es existiert auch die Meinung, dass der Teufel ein Gottesdiener sei, weil er nur als ein Werkzeug in Gottes Plan befindet, dem er nichts entgegen zu setzen hat. Im Islam wird der Teufel nicht als Gegner Gottes angesehen. Dazu soll Gott viel zu mächtig sein.

Bei den Jesiditen gibt es die Gestallt des Bösen nicht. Da Gott ihrer Meinung nach allmächtig ist, und neben ihm kein Platz für eine zweite Kraft besteht. Dies wäre mit ihrer Vorstellung von Gott nicht vereinbar.

Die Lehre des Zarathustra weicht dem entgegen in die dualistisch geprägte Glaubensvorstellung ab. Dort werden das Gute und das Böse als Zwillinge bezeichnet.

Bei Röm.8,28 heißt es: Dass Gott das Tun des Teufels zuläßt, ist ein großes Geheimnis.

Das bedeutet für mich, dass letzlich

die Kirche nicht so recht weiß, warum
das Böse eigentlich auf der Erde so
viel Platz einnimmt. Das ist ein
weiterer Grund mich von der Überzeugung
der Gläubigen zu distanzieren.

Die Hölle

Die Hölle ist nach traditionellen
Vorstellungen der Christen der Ort an
welchen die Sündiger gelangen. Diese
Vorstellung ist allerdings in
verschiedener Weise modifiziert oder
auch ganz fallen gelassen worden.
Andere Religionen und Kulturen hatten
bzw. haben ähnliche Vorstellungen des
unwirtlichen Ortes der Verdammnis.

Da das Christentum sich als
Erlösungsreligion sieht, nach der die
Menschen die gesündigt hatten, durch
die Auferstehung Jesu Christi gerettet
werden, frage ich mich natürlich warum
es dann überhaupt eine Hölle geben
soll. Das macht doch überhaupt keinen
Sinn!

Dass es keinen Himmel gibt, ist oben
schon geklärt worden. Aber wie ist es
mit der Hölle?

Da stellt sich mir zwangsläufig die
Frage: Wo ist die Hölle? Die
Vorstellung, dass sie tief in der erde
sei und dort Hitze und Feuer

vorherrschen, kommt der Realität erstaunlicherweise sehr nahe. Hatte die Wissenschaft ja bewiesen, dass es in unserer Erde tatsächlich einen glühenden Kern gibt der von flüssigem glühenden Gestein umgeben ist. Dementsprechend herrschen dort sehr hohe Temperaturen. Doch, dass dort ein Teufel sein soll, halte ich für sehr unwahrscheinlich.

Der Heilige Geist

Mir ist es genauso unmöglich an den Heiligen Geist zu glauben, wie an alle anderen Wesen irgend einer religiösen Glaubensgemeinschaft.
Was sagt die Bibel eigentlich zur Gestallt oder das Wesen Heiliger Geist? Vereinfacht gesagt meint die Bibel, dass der Heilige Geist Gott sei.
Darüber hinaus meint die Bibel, dass er eine Person ist, ein Wesen wie ein Mensch, also mit Gefühlen, Willen und Verstand.

Das ist doch ein Widerspruch in sich, oder habe ich etwas wichtiges über die Gestalt Gottes (wesengleich) falsch verstanden?

Der Zölibat

Was soll diese unmögliche Geschichte mit dem Zölibat? Diese asketische

Lebensführung hat absolut nichts mit dem christlichen Glauben zu tun!

Er ist das Versprechen im Christentum, für das weitere Leben die Verpflichtung einzugehen, ehelos zu bleiben. In gibt es für Nonnen, Mönche, Einsiedler, geweihte Jungfrauen und Diakonissen. Die Protestanten haben sich früh genug von diese Verpflichtung gelöst.

Die katholische Kirche argumentiert, das Jesus nicht verheiratet war, und man wolle in seinem Sinn ebenso leben. Vielleicht wollte Jesus ja gar nicht so leben und hat einfach nur keine Frau gefunden? Dagegen sprechen allerdings neue religionswissenschaftliche Erkenntnisse. Sie lassen die Vermutung zu, dass selbst Jesus mit Maria Magdalena verheiratet war, und sie, als Jesus am Kreuze hing, sogar ein Kind erwartete.

Das versucht die katholische Kirche bis zum heutigen Tage zu vertuschen.

Wenn Jesus trotz der Bindung zu einer Frau das Wort Gottes in vollem Umfang verbreiten konnte, dann können das doch sicherlich auch die katholischen Priester. Zumal sie, im Gegensatz zu Jesus, die Bibel haben, aus der sie alles zitieren können. Die evangelischen Prediger können das ebenso gut, obwohl sie zum großen Teil verheiratet sind.

Bemerkenswert in diesem Zusammenhang ist die Tatsache, dass verheiratete evangelische Priester, welche zur katholischen Kirche konvertieren in den kirchlichen Dienst übernommen, geweiht werden und weiterhin verheiratet bleiben können.

Wie steht es um das offene Geheimnis, dass Priester trotz Zölibat oft in einem eheähnlichem Verhältnis zu ihren Haushälterinnen standen? Weit verbreitet waren ebenfalls Konkubinate in Priesterhäusern.
Ich weiß nicht ob das in der heutigen Zeit immer noch so ist.

Man gaukelt sich selbst und anderen vor, eine feste Moral zu haben, hat aber gleichzeitig die Flexibilität, diese rückgratlos an die eigenen Bedürfnisse in der jeweiligen Situation anpassen zu können. Das ist nur eine Frage, wie man die Regeln interpretiert.

Diese Doppelzüngigkeit grenzt schon an eine Beleidigung für jeden Gläubigen, der Vertrauen in die Priesterschaft hat.

Aber wen wundert es, wenn mindestens ein Papst Nachkommen gezeugt hatte.

Was aber statistisch widerlegt ist und auch von Polizeistellen bescheinigt wird, ist, dass der sexuelle Missbrauch von Kindern im erhöhten Maße stattgefunden haben oder noch stattfinden.

Es ist aber eine weitverbreitete Meinung unter der Bevölkerung. Die Ursache dafür ist in der Tatsache zu finden, dass solche Verbrechen einer besonderen Aufmerksamkeit und Verbreitung durch die Presse unterliegen und somit eine große Leserschaft davon erfährt.

Viele andere Missbrauchsvorgänge werden kaum bekannt oder es wird kaum darüber berichtet.

Die evangelische Kirche lehnt den Zölibat mit der Begründung ab, dass an keiner Stelle in der Bibel eine Ehelosigkeit als Gotteswille erwähnt wurde bzw. wird. Im Gegenteil: „Seid fruchtbar und mehret euch," ist dort zu lesen.

Leben nach dem Tod

Aber was ist mit dem Leben nach dem Tod?

Es gibt kein leben nach dem Tod!

Biologisch sind wir nur ein, durch eine Vielzahl unterschiedlicher Atome, geformtes Objekt. Nicht viel anders als Pflanzen oder Tiere.

Wenn wir in der Erde allmählich verwesen oder im Feuer zu Asche werden, ist es nicht anders als mit allen Lebewesen der Flora und Fauna. Unsere chemischen Verbindungen lösen sich und gehen in neue Materie über.

Warum können Glaubensgemeinschaften nicht akzeptieren, dass wir da sind und irgendwann verschwinden?
Was ist so schlimm daran?

Ich weiß, dass nun das Argument kommt, es gehe nicht um unseren Körper, sondern um die Seele.

Was ist mit dem Seelenfrieden?

Was ist denn die Seele?

Tja die Seele.
Was ist mit dem Seelenfrieden?

Auch so ein Problempunkt –

Die Unglaubwürdigkeit beginnt schon damit, dass dem Ausdruck Seele vielfältige Bedeutungen beigemessen werden.
Religiöse Lehren, philosophische, mythische oder psychologische Betrachtungsweisen und Deutungen unterscheiden sich oft gewaltig von einander.
Oft wird dabei angenommen, dass die Seele in ihrer Existenz vom Körper und dem Tod unabhängig sei. Dadurch wäre sie somit unsterblich.

Zahlreiche Dogmen schildern das Schicksal der Seelen von Menschen mit Fehlverhalten in den grausigsten Bildern. Die armen Gläubigen nehmen das für „Bare Münze" und sind bestrebt ihrer Seele eine solche Zukunft zu ersparen. Deshalb befolgen sie die Anordnungen der Religionsführer immer noch wie im Mittelalter. Das gilt natürlich auch in den Religionen die eine Reinkarnation der Seele versprechen. Aus der Sicht der Religionswissenschaften ist die Seele alles das, was sich dem religiösen Menschen in seinem Leben offenbart. Sie wird als mehr oder weniger stofflich oder feinstofflich beschrieben. Die Frage welche sich einem neugierigen

Menschen, also mir, bei einer solchen Zustandsbeschreibung stellt, ist: Woher glauben diese Religionswissenschaftler das zu wissen, wenn doch noch nie ein Mensch eine Seele gesehen hat? Obwohl sie scheinbar ein diffuses Gebilde ist, wurde sie dennoch klassifiziert. Und zwar in Vitalseele, sie reguliert die Körperfunktionen.

Die Ichseele reguliert das geistige Leben im Wachzustand und bildet das Selbstbewusstsein.

Die Freiseele kann den Körper verlassen. Sie begibt sich ins Totenreich oder bewohnt als Reinkarnationsseele einem anderen Körper.

Als letzte Stufe der Klassifizierung soll noch die Außenseele genannt werden. Sie hält sich nach den Erkenntnissen der Religionswissenschaft außerhalb des Körpers auf und verbindet den Körper mit seiner ihn umgebenden Umwelt. Ihre Vernichtung würde den Tod des Menschen bedeuten.

Ein gemeinsames Merkmal der indischen Religionsströme ist, dass sie keinen Unterschied zwischen menschlichen Seelen und denen von Tieren und Pflanzen machen.

Wie viele frühgeschichtliche Völker hatten die Chinesen ebenfalls unterschiedliche Seelen.

Sie nannten sie Körperseele und Hauchseele.

Auf die Vielzahl der Definitionen im frühen Zeitalter von Aristoteles und Co. Möchte ich gar nicht erst eingehen. Es würde einfach zu weit führen. Darüber könnte eine Doktorarbeit geschrieben werden.

Nur soviel: Es ist doch erstaunlich, in welch hoher Zahl und Erscheinungsformen die Seele beschrieben wurde und immer noch wird.

Aber wer hat nun recht?

Die These aus der Vorzeit, dass nur Menschen denken können und somit nur wir eine Seele haben sollen, ist beinahe als Dummheit zu bezeichnen. Jeder, der sich etwas mit Tieren auskennt, weiß, dass Tiere sehr wohl denken.

Bei den Ägyptern wurde den wohlhabenden, besonders den Königen, Grabbeigaben für ein besseres Leben im „Jenseits" in die Gräber gegeben. Erstaunlich ist es nur, dass bei Ausgrabungen noch alle Utensilien für

die Reise in eine neue Welt vorhanden
waren. Wahrscheinlich würden gläubige
Ägypter behaupten, dass die
Grabbeigaben für die Reise in das Leben
nach dem Tod nicht benötigt wurden.

Andere Glaubensrichtungen bevorzugen
die Reinkarnation. Demnach würden wir
Menschen, bzw. unsere Seele, als irgend
ein Tier wieder auf der Erde ein neues
Leben führen. Das ist genauso abwegig
wie die Hölle und der Himmel.

Nach Wikipedia ist die Seele weitgehend
gleichbedeutend mit dem Begriff der
Psyche.

Seele kann aber auch ein Prinzip
bezeichnen, von dem angenommen wird,
dass ihm Gefühlsregungen und geistigen
Vorgänge zugrunde liegen. Die Seele
ordnet und beeinflusst körperliche
Vorgänge.

Grundsätzlich fehlt mir, der ich von
wissenschaftlichen Überlegungen
überzeugt bin, ein Beweis, dass es eine
Seele als religiöses Element gibt. Alle
Deutungen und Erklärungen sind mir zu
abstrakt, um sie annehmen zu können.

Unplausibel bleiben für mich neben der
unsterblichen Seele ebenfalls die

Schöpfungsgeschichte, die Jungfrauengeburt, die Auferstehung und die Himmelfahrt. Besonders seit dem ich weiß, dass im „Lexikon für Theologie und Kirche" die Auferstehung als nicht beweisbare Tatsache benannt wird, aber die Christenheit die Tatsächlichkeit der Schöpfungsgeschichte, der Jungfrauengeburt und die Auferstehung als Glaubensgrundlage bezeichnen.

In meinen Gedanken entsteht ein Chaos, wenn sich meine Überlegungen mit der Erbsünde, der Hölle oder der Erlösung befassen.

Vergebung der Sünden

Dabei fällt mir ein, dass Jesus ja gestorben ist damit Allen die Sünden vergeben werde. Warum muss in der katholischen Kirche immer noch gebeichtet werden?

Ist es wirklich nötig, dass ein fremder Mensch, und das ist häufig der Beichtvater, von mir Dinge und Fehlverhalten, die als Sünde bezeichnet werden, erfahren soll? Wenn auch ein Beichtgeheimnis besteht, so ist der Pfarrer doch auch nur ein Mensch und macht sich über mich ein negatives

Bild. Von meinen guten Taten oder Seiten erfährt er nichts.

Auf der anderen Seite muss er einem Massenmörder, der nur Lust am morden hatte diese Sünden vergeben. Schon mancher Geistliche ist in schwerste Gewissenskonflikte mit diesem Wissen gekommen. So etwas müsste ihm doch erspart bleiben, wenn Jesus doch zur Vergebung unserer Sünden gestorben ist.

Auferstehung

In traditioneller Theologie gab es eine deutliche Unstimmigkeit zu den zeitlichen Abläufen. Man einigte sich darauf, dass die Auferstehung Jesu Christi am dritten Tag nach seinem Tode gefeiert wird. Wann und ob überhaupt eine Auferstehung statt fand, geht daraus nicht hervor. Jesus soll nach seinem Tod zunächst in das Jenseits in die Tiefe hinab gestiegen, und von dort am dritten Tage wieder zu den Lebenden auferstanden sein.

Es gab keinen Zeugen der die angebliche Auferstehung beschrieben hat. Keiner der Autoren des Neuen Testamentes hatte irgendeinen nichtchristlichen Zeugen dafür benannt. Auf diesbezügliche Fragen soll dem Sinn nach geantwortet worden sein. Sie behaupteten:„Wer den Auferstandenen sah, wurde personal beansprucht." Daher konnten die Urchristen Jesu Auferstehung nicht unvoreingenommen darstellen, sondern nur als von Gott geschenkte wunderbare Erkenntnis gelten lassen. Sie konnten sich nur zu Jesus bekennen und seine angebliche Auferstehung verkünden oder nacherzählen.

Nun ist es aber so, dass es niemanden gab, der den Auferstandenen gesehen haben kann.

Die neutestamentliche Forschung versuchte Licht in die Sache zu bekommen. Sie ist überzeugt, dass Menschen, die Jesus zum Teil noch erlebt und begleitet hatten, schon kurz nach dessen Tod formale Glaubenssätze formulierten. So zitiert Paulus Glaubenssätze der christlichen Urgemeinde in seinen Paulusbriefen (entstanden ab 50 n. Chr.) Er etablierte diese mündlichen Überlieferungen als die reine Wahrheit. Jeder der einmal das Spiel "Stille Post" gespielt hat, der weiß was bei mündlichen Überlieferungen innerhalb weniger Minuten für seltsame Geschichten am Ende herauskommen. Wie sehr kann sich da nach Jahren eine Geschichte der angeblichen Auferstehung

verändert haben?
Als logisch denkender Mensch muss man
davon ausgehen, dass es Unmöglich ist.

Himmelfahrt

Die Himmelfahrt Jesu bezeichnet das
später folgende Ereignis, dass Jesus
lebend ins Jenseits gelangte, ohne
(nochmals) zu sterben. Logischerweise
blieb auch kein Leichnam zurück. Bei
dieser Himmelfahrt stieg er in das „in
der Höhe" gelegenes Jenseits auf.

Himmelfahrt Christi war und ist heute
noch Gegenstand theologischer Debatten.

Im christlichen Glauben wird die
Himmelfahrt als Rückkehr von Jesus
Christus als Sohn Gottes zu seinem
Vater in den Himmel bezeichnet. Christi
Himmelfahrt wird 39 Tage nach dem
Ostersonntag gefeiert. Deshalb fällt
das Fest immer auf einen Donnerstag.

Da es aber davon ebenfalls keine Zeugen
gab und nur mündliche Überlieferungen
niedergeschrieben wurden, halte ich
auch die Himmelfahrt für das Produkt
von Phantasie. Zumal es erst im 4.
Jahrhundert die ersten Abbildungen mit
sehr unterschiedlichen Details gab. Mal
waren nur die Beine mit den Füßen von

Jesus zu sehen. Mal nur seine Füße mit seinen Fußabdrücken und manches Mal auch nur die Fußabdrücke. Da keiner der Maler Jesus im falschen Bild darstellen wollte, verzichteten sie auf den Leib und sein Antglitz. Erst viel später wurden die unteschiedlichsten Himmelfahrtsmotive mit einem körperlichen Jesus hergestellt. Zu Beispiel auf einer Wolke stehen, oder von einer Engelschar an den Armen zum Himmel getragen.
Auch von dieser Geschichte behaupte ich, dass sie erfunden wurde um aus dem "christlichen Glauben" heraus andere Menschen durch Lüge an die Glaubensgemeinschaft zu binden.

Soviel zu den von Gläubigen erfundenen Wesen und Gedenktagen.

Und was ist mit den Ablassgeschäften?

Warum wurden Ablassbriefe erfunden, wenn doch Gottes Sohn wegen der Sündenvergebung seiner gläubigen Anhänger gestorben ist?

Im Spätmittelalter wurde die Ablasslehre natürlich, wie sollte es auch anders sein, missbraucht. Zum einen nahmen vermögende Gläubige an, dass sie unbekümmert sündigen könnten, da ihnen die Kirche ja gegen eine entsprechende Geldspende den Ablass gewähren würde. Zum anderen entdeckten die unter ständiger Geldnot leidenden Päpste den Ablass gegen Spenden als willkommene Geldquelle.

Ohne diese Einnahmen wäre der Petersdom nie in solche einer Pracht fertiggestellt worden.

Das Konzil von Basel(1431-1449) versuchte die päpstliche Eigenmächtig= keit im Ablasswesen zu bekämpfen. Aber es änderte sich am System jedoch zunächst nichts und das obwohl damalige Zeitgenossen die Päpste als korrupt ansahen. An der Spitze dieser steht bis heute der wegen seines ausschweifenden Lebensstils ständig verschuldete Papst Leo X.. Niemand hat den Ablasshandel dermaßen wie er übertrieben.

Ablassbriefe wurden in ganz Europa wie Wertpapiere gehandelt. Der wohl berühmteste Ablassprediger Deutschlands war der im Magdeburger Gebiet wirkende Johann Tetzel. 1514 und 1516 bot er einen Ablass an, um angeblich den Türkenkrieg zu finanzieren und den Bau der Peterskirche in Rom voranzutreiben. In Wahrheit ging nur die Hälfte der Einnahmen nach Rom, die andere Hälfte an den jeweiligen Ablassprediger und an den Erzbischof Albrecht von Brandenburg der damit seine Schulden bei der Fuggerfamilie zurückzahlen konnte. Dieser sogenannte „Petersablass" wurde vom Kurfürsten von Sachsen, dem es nicht gefiel, dass so viel Geld nach Rom abfloss, zunächst verhindert. Schließlich verbot er den Ablasshandel.

Solche Missbräuche wie den des Ablasses wurden zu einem Auslöser der Reformation. Die Reformatoren erkannten, dass in der Bibel keine Darstellung des mittelalterlichen Ablasskonzepts zu finden war. Auch Martin Luther sah in dem Handel mit Ablassbriefen einen krassen Missbrauch. Das veranlasste ihn zur Abfassung seiner 95 Thesen. Er war zwar kein grundsätzlicher Gegner des Ablasses, aber diese Art von Gegenleistung stellte er in Frage. (vgl. These 71). Er legte durch seine theologischen Argumente (vgl. These 58) damals bereits die Basis für eine grundlegende Infragestellung des päpstlichen Ablasswesens an sich.

So war zu lesen:

> „Ein jeder Christ, der wahre Reue und Leid hat über seine Sünden, hat völlige Vergebung von Strafe und Schuld, die ihm auch ohne

Ablassbrief gehört. Ein jeder wahrhaftige Christ […] ist teilhaftig aller Güter Christi und der Kirche, aus Gottes Geschenk, auch ohne Ablassbriefe."
MARTIN LUTHER: Thesen 36 und 37[9]

Das Trienter Konzil (1545-1563) hielt aber in seinem Dekret über den Ablass an der Vollmacht der Kirche fest, Ablässe zu gewähren. Mit diesen durfte aber schon seit Juli 1562 nicht mehr gehandelt werden. Bischöfe hätten etwaige Missbräuche zusammenzustellen und den Papst darüber zu informieren. Am 8. Februar 1567 hob Papst Pius alle Almosenablässe auf und verfügte die Exkommunikation für jene, die mit den Ablässen Handel treiben wollten.

Sind vor Gott alle gleich?

Wenn vor Gott alle Menschen gleich sind, mit welchem Recht fühlen sich einige im Glauben an Gott näher als der Sünder. Sie behaupten sogar, von Gott berufen zu sein. Wer das von sich annimmt durchlebt eine Phase oder den Dauerzustand der Selbstüberbewertung und Selbstüberschätzung. Diese Menschen sind in ihrer Psyche schwer erkrankt, können dieses aber gut kaschieren. Ihre

Reden und Predigten verfehlten früher ihre Wirkung nicht und das ist bis heute so geblieben.

Ich denke insbesondere da an Jeanne d´Arc, die Jungfrau von Orleans. Sie hatte zwar zunächst mit ihrer Behauptung von Gott auserwählt zu sein, um die Briten aus Frankreich zu vertreiben, Erfolg gehabt. Doch später, als sie an die Engländer ausgeliefert und angeklagt war, wurde sie von dem Klerus unter fadenscheinigen Punkten angeklagt und verurteilt. Sie wurde im Alter von nur Neunzehn Jahren auf dem Scheiterhaufen verbrannt.

Also hat eine Person, zu der angeblich Gott gesprochen hat, wohl gelogen.

Wie sonst hätten gottesfürchtige Men= schen sie zum Tode verurteilen können?

Fortschritt und Zweifel

Dass es schon früh zu ersten Abwendungen vom Glauben und den gottgewollten Krankheiten gab, kann man an der Entwicklung der ersten medizinischen Versuchen erkennen.

Selbst todgeweihten Menschen konnte später mit Operationen oft das Leben erhalten werden, obwohl ein frommer Mensch in früheren Zeiten wahrscheinlich der Meinung war, dass der Tod des Kranken oder Verletzten eine Fügung der Götter- oder Gotteswille sei.

Sollte alles medizinisches Können nicht den erhofften Erfolg gebracht haben, konnten die Angehörigen sich trösten, dass die Seele des Verstorbenen im Jenseits oder im Nirwana weiter leben werden. Ob dann im Himmel oder in der Hölle, war abhängig von seiner bzw. ihrer Lebensweise.

Bei uns, in der Industriewelt kam das Wissen um die Naturgesetze erst mit der Erfindung des Buchdrucks unter das gemeine Volk. Aber selbst danach dauerte noch einige Jahrhunderte, bis die Zahl der echten Gläubigen allmählich weltweit abnahm.

Altbundeskanzler Helmut Schmidt hatte einmal seine Meinung zum religiösen Glauben zum Ausdruck gebracht. Darin hieß es:

Ich glaube nicht an Gott, und ich glaube nicht an Nirwana. Aber ich glaube an die Ratio.-

Ich möchte noch einen Schritt weiter gehen und sagen: Ich glaube nicht einmal an die Ratio, denn dann dürfte es nicht soviel Dummheit, wie z.B. den religiösen Glauben, auf der Welt geben!

Selbst Jesus hatte am Ende an dem gerechten Gott seine Zweifel. Er soll ja am Kreuz verständnislos ausgerufen haben: „Mein Gott, warum hast du mich verlassen?" Hatte er alle Zuversicht und religiösen Glauben verloren?

Aus historischer Sicht war seine Kreuzigung eine logische Schlussfolgerung. Er galt ja bei den Römern als Aufrührer, von dem eine Gefahr ausging. Kreuzigungen waren damals ein gängiges, weil probates Mittel den „Frieden" im Römischen Reiches aufrecht zu erhalten.

Ähnlich wird heute noch in verschiedenen diktatorischen Nationen mit Staatsfeinden umgegangen.

Was Jesus zu erwarten hatte, musste ihm eigentlich lange klar gewesen sein. In meinen Augen war er ziemlich naiv oder sehr arrogant.

Also war es keine Gottesstrafe und schon gar nicht um für unser Sünden zu büßen, sondern eine weltliche Bestrafung.

Aber warum lässt der ach so gnädige

Gott unschuldige Kinder oder Erwachsene die noch nie einem Anderen Schaden zugefügt haben leiden oder gar sterben?

Die Dummheit der Menschen

Für mich waren früher Tätigkeiten in der Religion immer mit barmherzigen Tätigkeiten am Mitmenschen gleichbedeutend.
Wenn ich darüber nachdenke wann das war, so muss ich zugeben: Es ist weit über ein halbes Jahrhundert her. Aber ich bin sicher, dass war damals nicht anders als heute, nur damals war ich noch ein Kind!

Es müsste sich doch im Laufe der Jahrhunderte herum gesprochen haben, dass sich durch Gebete und Opfergaben nicht das geringste verändert.

Aber nein, es wird weiterhin an transzendente Wesen geglaubt.

Was ist mit all den Atheisten? Laufen sie alle gebeugt wie geprügelte Hunde in den Straßen umher? Sind sie alle krank? Nein! Sie leben ebenso fröhlich wie gläubige Menschen. Warum also einem religiösem Glauben nacheifern?

Ich war in jungen Jahren durchaus gläubig. Bis zu dem Zeitpunkt an dem meine Schwester mit knapp Dreißig Jahren auf Grund einer Krankheit im Sterben lag. Ich habe viele Tage Gott aus tiefstem Inneren angefleht sie wieder gesund werden zu lassen. Sie war ein guter Mensch. Das meine ich nicht, weil sie meine Schwester war, sie war es!

Leider hat der "liebe Gott" mich nicht gehört. Wahrscheinlich hätte ich meine Gebete mit einer Demo verbinden müssen.

Nach ihrem Ableben (ich hätte beinahe geschrieben: Nachdem Gott sie zu sich gerufen hat) war für mich klar, dass die gesamte Religion Humbug ist. Der Austritt aus der christlichen Gemeinschaft war nur ein folgerichtiger Schritt. Seitdem bin ich der Frage auf der Spur: Warum glauben so viele Menschen an ein oder mehrere übernatürliche Wesen? Bis heute habe ich nur eine Erklärung gefunden.

Diese Menschen sind einfach dumm!

Davon, dass sich das jemals ändern wird, bin ich nicht überzeugt.

Die vorgegebenen Gebote und Verordnungen der Religionsgesellschaften schränken teilweise die geistige Entwicklung ein.

Ich begegne religiösen Menschen immer mit einem gesunden Misstrauen, denn oft genug sind mir gerade bei ihnen große Charaktermängel aufgefallen. Sie erwecken den Eindruck Gutes zu tun, doch sie sind Akteure in einem Bereich der erfunden wurde um andere Menschen in eine Abhängigkeit zu drängen.

Nur weil viele Dumme glauben, ist es noch lange nicht gesagt, dass es dann richtig ist.

Bei der Gelegenheit verweise ich gerne auf das "3. Reich" in Deutschland. Millionen deutscher Menschen haben damals Heil Hitler gerufen und an ihn geglaubt. Er war doch für viele so etwas wie ein Messias, ein Erlöser, vieleicht sogar ein Heiliger. Und das, obwohl Hitler nur ein Mensch aus Fleisch und Blut war und nicht irgend ein mystisches Wesen.

Aber war es deshalb richtig? Jeder vernünftige wird diese Frage wohl verneinen. Dieser Vergleich ist auf Religionen durchaus übertragbar.

Ja, Dummheit ist auf der Erde scheinbar sehr beliebt.

Wenn Gott uns nach seinem Ebenbild

geformt hat, dann scheint er ebenfalls nicht sehr „helle" zu sein!

Somit ist es doch besser, etwas, dass so wenig intelligent ist, nicht anzubeten!

Wenn man aber ein guter Gläubige sein möchte, kann man gerne den Quatsch den Menschen sich vor tausenden von Jahren einfallen ließen, ruhig glauben. Dann muss derjenige aber auch überzeugt sein, dass die Erde erst etwa 10 000 Jahre existiert. Obwohl die Wissenschaft doch ganz andere Zahlen ermittelt hat.

Er oder sie muss dann an Untote glauben, denn er legt seinen Glauben in die Hände eines Anderen, der vorgibt zu wissen wovon er spricht.

Einen Hund würde man mit den Worten „braver Hund" lobend über seinen Kopf streicheln oder ihn hinter dem Ohr kraulen.

Also, liebe Gläubige, macht schön Sitz, wackelt mit der Rute und seid zufrieden!

Aber Halt!

Es gibt doch sicherlich auch etwas Gutes an der Religion, das all das Negative wert ist.

Warum wird so extrem verachtungsvoll über die Gläubigen und ihren Religionen geurteilt?

Sind wir Atheisten, die so bewerten, nicht genau das was wir bezüglich der Glaubenskriege verurteilen? Wo ist unsere Toleranz die wir bei den glaubenden vermissten?

Vielleicht gibt einem in Not geratenen der Glaube an Gott oder andere Wesen in einer verzweifelten Lage einen letzten Funken Hoffnung ohne den sie/er sich unter Umständen sonst das Leben nehmen würde.

Es ist schließlich ihre freie Entscheidung zu glauben. Man könnte darin sogar einen gewissen Egoismus vermuten. Nicht alle Menschen sind begütert und können sich gegen alle Unwillen des Lebens versichern. So bleibt ihnen als „rettender Anker" nur der Glaube. Er verschafft ihnen das Gefühl der Sicherheit, das sie woanders nicht herbekommen. Sie haben einfach nur Angst!

Sollten wir, die wir uns in scheinbar besseren Lebensverhältnissen befinden, darüber urteilen?

Nein! Das sollten wir nicht!

Selbst wenn wir der Meinung sind, dass das was die Gläubigen alles veranstalten, uns sehr oft übertrieben erscheint.

Wir haben sicherlich alle auf irgend eine Art ebenfalls in den verschiedenen Dingen unsere Gepflogenheiten, die Andere als übertrieben und unsinnig ansehen. Man muss sich nur das Verhalten vorstellen, mit dem einige ihr Auto oder Motorrad „vergöttern". Oder wenn wir an alle denken, die ihre Hobbys exzessiv betreiben.

Wir erkennen nun, dass wir eigentlich nichts anderes machen.

Warum wird dann das, was wir Glaube nennen, von uns vehement von uns gewiesen? Wie er organisiert und verwaltet wird ist einzig und alleine die Angelegenheit der Gemeinschaft in der er praktiziert wird.
Als wirklich fromme Menschen möchte ich die bezeichnen, die ihre Berufung in einer sozialer Tätigkeit gefunden haben. Sie können gar nicht oft genug lobende Erwähnung finden. Für geringe

Bezahlung, oft schlechten Arbeitszeiten und Bedingungen dennoch diese Tätigkeiten auszuführen, verdient unsere, also auch die der Atheisten, besondere Dankbarkeit und Anerkennung. Dabei gibt es viele, die sogar trotz aller unzureichenden Bedingungen Tätigkeiten in kirchlichen Einrichtungen machen würden, aber wegen der falschen Konfession oder nach Kirchenaustritten keine Anstellung finden. Dabei können selbst die, welche eine Glaubensgemeinschaft verlassen haben immer noch an Gott und Jesus glauben. Anders herum ist ebenfalls klar, dass christliche Aktivitäten noch lange keinen festen Gläubigen ausmachen.

Christlicher Glaube ist (nach Paulus, Martin Luther und Karl Barth) ein Geschenk Gottes. Dazu muss aber gesagt werden, dass sich Gott nicht auf uns stürzt und wir von ihm zum Glauben gezwungen werden.

Religiöser Glaube ist eine ganz individuelle Entscheidung, sollte sie jedenfalls sein. Nicht mehr und nicht weniger.

Ich möchte Ihnen die Fünf guten Gründe ein Christ zu sein von dem

Religionspädagoge Ralf Krumbiegel nicht vorenthalten:

Fünf gute Gründe Christ zu sein

1.Da sich ein ernsthaft so zu nennender "Gott" menschlicher Wahrnehmungen und menschlichem Verstand entzieht, kann an dessen Existenz nicht in Wahrscheinlichkeiten angeben oder mit einem Fingerzeig bestätigen werden. Ich glaube aber, dass alleine in der Natur so viele Hinweise auf einen Schöpfer verborgen sind, dass es mit zunehmender Kenntnis darüber immer schwerer wird, einen solchen zu leugnen. Wer im Gegensatz dazu meint, dass diese vielen Wunder, die uns umgeben, aus dem Nichts und durch Zufall entstanden sind, ersetzt Gott nur durch ein "allmächtiges Schicksalsprinzip", was wiederum ein Widerspruch in sich selbst ist. Als Christ darf ich stattdessen davon wissen, dass nicht nur der Anfang dieser Welt, sondern auch mein eigenes Leben und dessen Ende in der Hand eines liebenden Gottes liegen.

2.Durch das Christsein findet die Frage nach dem Sinn meines Lebens eine Antwort. Ohne Gott wäre der Mensch ein vergängliches Wesen inmitten von Vergänglichkeit. Sein Dasein hätte keinerlei Wert, auch wenn dem oft mit den unterschiedlichsten Argumenten widersprochen wird. Es bleibt dabei: Alles, was vergeht, ist letztlich (über kurz oder lang) sinnlos. Als Christ habe ich die Hoffnung auf eine Ewigkeit, mit der ich schon hier auf Erden verbunden bin. Damit macht nicht nur mein Dasein Sinn, sondern auch all mein Tun, was ich in Verantwortung vor diesem Kommenden in Angriff nehme.

3.Die Maßstäbe für ein Menschenleben können nur von "außen", also von Gott, an uns herangetragen werden. Wie sonst kann der Mensch sein Leben sinnvoll ordnen? Die Zeit der Aufklärung meinte, dies sei mit dem Verstand möglich. Doch ihren Verstand haben auch alle Diktatoren dieser Welt benutzt. Moderne Ethik und Philosophie postuliert, dass die Natur die Vorgabe für menschliches Handeln sei. Doch dann müsste auch das "Gesetz des Stärkeren" Gültigkeit besitzen und Schwache hätten keine Daseinsberechtigung. Die Ethik des Christentums stellt für mich im Gegensatz dazu die wirklich "menschlichste" Wertevorgabe für unser Leben dar, und das gerade deshalb, weil sie nicht von einem "im Grunde guten Menschen" ausgeht, sondern von einem im Grunde schlechten und vergebungsbedürftigen Menschen.

4. Die meisten Menschen unseres Abendlandes sind über 1000 Jahre hinweg Christen gewesen und haben eine Hochkultur aus ihrem Glauben heraus geschaffen. Ich bin stolz darauf, ihr Erbe weiterführen zu dürfen und den Oberflächlichkeiten der Postmoderne etwas entgegensetzen zu können. Ich darf als Christ wissen, dass ich auf einem Grund stehe, auf dem schon viele Generationen vor mir gebaut haben. Um diesen Menschen Ehre zu erweisen und nicht auf "Pump" kommender Generationen zu leben, sondern zu erhalten und weiterzugeben, was unsere "Väter und Mütter" über viele Jahrhunderte getragen hat, auch deshalb bin ich Christ.

•5 Letztlich (und da schwingen alle vorherigen Antworten mit) gibt es für mich keine wirkliche Alternative zu diesem Glauben, die mein Leben lebenswerter machen würde. Und damit meine ich nicht, dass ein Leben als Christ einfach wäre (oft im Gegenteil) aber es ist anspruchsvoll und verbunden mit den größten Gütern, die wir Menschen besitzen: Vertrauen, Liebe und Hoffnung.

In wieweit diese Gründe für alle

Anderen maßgeblich sein können, sei dahin gestellt. Doch tolerieren muss man sie auf jeden Fall.

Dennoch möchte ich zu Punkten im 2. und 3. Grund, meine gegenteilige Ansicht zu Papier bringen.

Dort heißt es im 2. Grund:

„Es bleibt dabei: Alles, was vergeht, ist letztlich (über kurz oder lang) sinnlos. Als Christ habe ich die Hoffnung auf eine Ewigkeit, mit der ich schon hier auf Erden verbunden bin. Damit macht nicht nur mein Dasein Sinn, sondern auch all mein Tun, was ich in Verantwortung vor diesem Kommenden in Angriff nehme."

Ich interpretiere es folgendermaßen: Als Lottospieler habe ich die Hoffnung auf einen riesigen Gewinn. Deswegen kann ich heute schon von dem Gewinn einen großen Teil ausgeben. Ich benötige nur ein dementsprechendes Darlehn. Schließlich liegt der Sinn im Geld, es auszugeben.

Irgendwie sind beides „Milchmädchenrechnungen oder Kuhhandel".

Und im 3. Grund:

Die Ethik des Christentums stellt für mich (-) die wirklich "menschlichste" Wertevorgabe für unser Leben dar, und das gerade deshalb, weil sie nicht von einem "im Grunde guten Menschen" ausgeht.

Dazu muss ich anmerken:

Zum Einen ist diese Ethik nicht vom Christentum erfunden, sondern gab es schon lange vorher. Man muss sich nur die Situation mit den Zehn Geboten vor Augen halten. Und selbst Moses hat sie nicht erfunden, sie waren schon vorher da. Nur noch nicht in Felsen geschrieben. Ethische Grundsätze gibt es und gab es auf der ganzen Welt. Lange vor der Zeit bevor das Judentum als eine Religion entstand.

Diese Ethik ist ist ein Bestandteil des menschlichen Zusammenlebens. Ohne sie wären niemals die ersten Dörfer entstanden.

In wieweit das im Bewusstsein der frühen Menschen war und ob sie für das was wir Ethik nennen überhaupt einen Namen oder Begriff hatten, vermag ich nicht zu sagen.

Aber der Logik folgend hatten sie für

ihr Zusammenleben Regeln, die das Zusammensein friedlich gestaltete.

Logik kontra Religion

Da ich gerade die Logik ins Spiel bringe: Ich glaube nicht an Gott oder ein anderes mythisches Wesen, weil für mich die Grundlage für alles, was Gott zugeschrieben wird, die Natur ist.

Die ist in ihrer Vielfalt schon voller Geheimnisse, da ist für einen Gott kein Platz.

Es wird behauptet, dass Gott das Universum geschaffen hat, weil das All komplex und vollkommen ist. Das konnte nur Gott geschaffen haben. Aber was hat Gott vor dem "Urknall" gemacht? Oder gab es ihn erst seit der Entstehung der Welten? Wenn ja, wer hat ihn gemacht? So muss ich weiter fragen: Wer hat Gottes Schöpfer gemacht? Diese Frage kann man beliebig oft wiederholen ohne zu einem Ergebnis zu kommen.

Die Logik verbietet die Frage, wer Gott erschaffen hat, denn es gibt keinen Gott. Es ist bewiesen, dass sich aus einfachen chemischen Verbindungen komplexe Dinge entwickeln können, und somit ist es nicht notwendig einen Gott zu haben und an ihn zu glauben.

Man kann nachweisen, dass das Universum genau die Zusammensetzung hat, die nötig war, um sich weiter zu entwickeln.
Auch ohne Gott!
Logischerweise hat sich das Universum aus einfachsten Objekten gebildet die der Evolution unterliegen. Schlussfolgerungen dieser Art mögen Theisten nicht.

Alle Dinge und Handlungen die sich auf der Erde befinden oder abspielen beruhen auf natürlichen, somit wissenschaftlichen Zusammenhänge.

Bleiben wir noch etwas bei dem Urknall. (Wobei der Begriff Urknall falsch ist. Es war eine Art lautlose Explosion. Ein Knall entsteht durch das Zusammenspiel von Druckwelle und Luftwiderstand. Da das noch leere Universum luftleer war, konnte also kein Knall entstehen.)

Es wurden unvorstellbar riesige Gaswolken mit Drei Ur-Atomsorten gebildet. In erster Linie ist der Wasserstoff zu nennen. Helium und Lithium waren die beiden anderen Gase. Durch die verschiedensten Kombinationen entstanden im Laufe von Milliarden Jahren alle anderen Elemente, aus denen sich dann Materie in verschiedensten Formen und Konsistenten zusammen setzten. Zunächst entstanden die Sonnen. Durch chemische Prozesse in den Sonnen explodierten diese irgendwann, und durch die dann im All umherfliegenden Materiebrocken, die später durch die Schwerkraft, beziehungsweise den Magnetismus, zu Planeten zusammen backten, entstand auch unsere Erde. Das ist wissenschaftlich bewiesen, weil es nach den Naturgesetzen logisch ist!

Genauso ist es logisch, dass Pflanzen auf der Erde unter den herrschenden Bedingungen entstanden. Ebenso wie Flüsse, Meere, Tiere und zuletzt der Mensch.

Wenn wir den ganzen Dingen biochemisch auf den Grund gehen, werden wir feststellen, dass vieles von dem was wir noch vor einigen Hundert Jahren einem Gott zugeschrieben hatten, alles auf logischen Gesetzen beruht. Bei Pflanzen ist es die Photosynthese die den Wuchs ermöglicht, bei Tieren und uns Menschen sind es andere biochemische Vorgänge die uns am Leben erhalten und der Fortpflanzung dienen. Bei Metallen und im Erdbereich bewirken physikalisch/chemische Abläufe die Veränderungen. Selbst Wind, Blitz und Donner, Regen und Feuer lassen sich wissenschaftlich erklären.

Für Trost und Hilfe gibt es soziale Dienste und bei Krankheiten können wir uns an die Medizin wenden. Zumindest in der halbwegs zivilisierten Welt.

Also ehrlich, so etwas wie einen Gott brauche ich nicht.

Die ethischen Grundgesetze der Religionen schließen oft leider keine Morde oder andere Verbrechen getaufter Mitmenschen aus!

Auf Kriege, besonders die Religionskriege bin ich schon oben eingegangen. Wo war da die christliche Nächstenliebe und die Ethik?

Oder waren die vielen Soldaten alle Atheisten?

Vielleicht kann **Ralf Krumbiegel** meine Denkweise nicht nachvollziehen, aber das ist ja legitim. Ich kann seine ebenso wenig verstehen. Das ist eigentlich nicht schlimm. Entscheidend ist, dass wir mit dem Glauben, bzw. meinem fehlenden Glauben, niemanden schädigen oder Leid zufügen, sondern es tolerieren.

Bei aller Toleranz, kann ich es dennoch nicht nachvollziehen, dass intelligente Menschen sich immer noch den wissenschaftlichen Erkenntnissen entziehen und im Glauben die Schöpfung mit all ihren „Wundern" als eine, von einem übersinnlichem Wesen geschaffene Tatsache ansehen.

Warum ist es für so viele religiöse Anhänger sichtlich schwer sich den heutigen Gegebenheiten anzupassen?

Die Entstehung der Erde mit all ihren wunderbaren Dingen, aber auch mit den weniger tollen, ist durch das was wir Natur nennen, entstanden. Dazu gehören die Verbindungen der Elemente in all ihrer Vielfalt, die physikalischen Veränderungen, auch das Übel, das wir Menschen auf der Erde schaffen und ihr selbst antun, ist irgendwie Natur. Da aber die Natur nicht denkfähig ist und nicht willkürlich etwas plant, besteht logischerweise kein Grund sie als göttliches Wesen anzubeten.
Es reicht vollkommen, wenn wir sie akzeptieren. Gegebenenfalls kann man versuchen sie zu bändigen oder zu beeinflussen.

Mehr geht nicht, also warum sollten wir sie anbeten?

Eine Internetanfrage

Im Internet fand ich die Frage eines Menschen der gerne glauben möchte:

Ich würde gerne Glauben, wie? Ihr fragt warum?

Darin heißt es: Religion gehört zum Menschsein, ist davon nicht zu lösen; sie ist eine ursprüngliche Wesensrelation, ein Existential des Menschen und stellt dessen höchste Möglichkeit dar, kann also nicht Selbstentfremdung sein.

Wenn ich mir Leute anschaue, welche ihr Horoskop lesen etc. Muss ich sagen, verwundert es mich nicht. Aber es erschüttert mein Bild des "intelligenten" Wesen Mensch!

Hallo, ich würde gerne an Gott glauben, in Allem einen Sinn sehen. Einen Verlass haben, dass sich unser Handeln lohnt. An ein Leben nach dem Tod glauben. Mit anderen beten. Glaube.

Doch so sehr ich auch versuche, dass was ich höre zu glauben, widerspricht mein Verstand diesen abstrakten Geschichten.

Ich wäre froh, wenn ich einfach glauben würde, doch wenn ich es versuche, muss ich "alles Bullshit" denken. Und wundere mich wie andere Leute es schaffen diese kranken Storys zu glauben. Ich finde die Bücher von L. Ron Hubbert sind auch nicht unglaubwürdiger als die Bibel.

Wie kann man so etwas glauben? Wie schafft man das? Natürlich könnte ich einfach beschließen, dass ich das jetzt glaube, aber wirklich glauben würde ich es nicht.

Da einige Gläubige sehr intelligent waren bzw. sind, halte ich das als Ursache für ausgeschlossen. Liegt es an der Erziehung? Ich wurde aber auch relativ christlich erzogen und habe nie geglaubt. Ist es das Vertrauen, das mir fehlt? Vielleicht, aber wie soll man jemandem ohne jeglichen Beweis vertrauen? Mein logisches Denken widerspricht all dem.

Ist der Glaube möglicherweise eine Gabe oder eine schlechte Eigenschaft, wie z.B. Das Rauchen oder Tierliebe.

Lässt sich Glaube erlernen oder antrainieren?

Wie kann ich gläubig werden? Ich will es, es bereitet eine Menge Vorteile im Leben einen Glauben zu haben.

Allein auf emotionaler Basis, man fühlt sich nie alleine, hat einen Helfer in der Not und selbst wenn Alles zu Bruch geht und man todkrank ist, braucht man sich vor dem Tod nicht fürchten.

Natürlich hat ein Glaube auch viele Nachteile, aber meiner Meinung nach überwiegen die Vorteile.

Ihm wurde unter anderem geraten:
Um die Achtung vor deinem Verstand zu bewahren, würde ich das an deiner Stelle lassen.

Oder: Seien sie froh. Wenn Sie einfach ALLES glauben, dann glauben Sie ja größtenteils völligen Mist. Dann sind Sie sie durch Lügen leicht manipulierbar. Glaube heißt eben nicht, dass Sie einfach die Meinung eines Anderen übernehmen.

Weiter: Ich habe mich auch viel mit ähnlichen Fragen beschäftigt. Aber nicht um des Glaubens willen. Ich wollte verstehen, was Menschen dazu treibt, zu glauben. Ich kann mir auch aus physikalischer Sicht vorstellen, daß es eine "höhere Macht" geben kann. Die hat natürlich nichts mit den Gottesgestalten zu tun, die von den Menschen angebetet werden. Das ist nur so ein Gedanke von mir. Das Chaos des Universums ist zu perfekt und zu schön, um zufällig zu sein.

Beispiel 4: Gestalte Deine Lebenszeit nach Deinem Geschmack und fülle Dein Leben aus, sodaß

Du im Alter mal sagen kannst, Du hast nichts verpaßt und viel erlebt. Es kann nämlich durchaus sein, daß mit dem Tod einfach alles endet. Dann werden sich die asketischen Religiösen im Augenblick des Erkennens ziemlich ärgern, daß sie ihr kurzes Leben nicht der Schönheit desselben, sondern einem mehr als fragwürdigen Glauben gewidmet haben.

Natürlich gab es ebenfalls pro christliche Antworten, aber die erspare ich mir, weil ich sie nicht für fundiert halte.

Wer oder was ist eigentlich Gott?

(In Auszügung und starker Anlehnung an die Webseite

>**Wer oder was ist eigentlich Gott?**<

von **Volker Dittmar, Atheist**)

Wer sich mit diesem Thema beschäftigt, sollte zunächst die Antwort auf die Frage nach dem richtigen Gott suchen.

Wenn man bedenkt, dass es Tausende von Götter gibt, und es sehr viele Gläubige unterschiedlichen Vorstellungen von ihren Göttern haben, müsste es doch vorstellbar sein, sich auf einen zu einigen.

Der jüdische, christliche oder islamische monotheistische Gott und alle anderen mehrgöttigen Religionen setzten einen Glauben an das übernatürliche, das nicht greifbare voraus.

Im I. Vatikanische Konzil (1869/70) wurde das biblische Zeugnis von der Erkennbarkeit Gottes folgendermaßen dargestellt:

»**Gott,** aller Dinge Grund und Ziel, **kann mit dem natürlichen Licht der menschlichen Vernunft aus den geschaffenen Dingen mit Gewißheit erkannt werden**«. (DS 3004; NR 27) KEK Band I, Seite 28

Die Wesen Gottes:
(ohne meinen Komentar)

Liebend: Gott hat sich als die Liebe erwiesen (vgl. (1 Johannes 4:8-16). So dürfen wir gewiß sein: »Weder Tod noch Leben, weder Engel noch Mächte, weder Gegenwärtiges noch Zukünftiges, weder Gewalten der Höhe oder Tiefe noch irgendeine andere Kreatur können uns scheiden von der Liebe Gottes, die in Christus Jesus ist, unserem Herrn« (Römer 8:38-39) KEK Band I, Seite 66

Unbegreifbar: Er ist kein Gegenstand,

den man wie andere Gegenstände feststellen könnte. Gott gibt es nicht in der Weise, wie es die Dinge oder auch die Menschen in der Welt gibt. Er ist nicht irgendwo »da oben«. Sein Geheimnis umfängt uns überall. Darum ist er auch nicht ein Lückenbüßer-Gott, der nur an den Grenzen menschlicher Erkenntnis in den Blick kommt. Die Bibel nennt ihn den verborgenen Gott (vgl. Jes 45,15), der im unzugänglichen Lichte wohnt (vgl. 1 Tim 6,16). Als endliche Wesen können wir den Unendlichen, alles Umfassenden nie begreifen. KEK Band I, Seite 33 Alles, was wir von Gott sagen und denken, gilt darum in einem ganz einmaligen, unendlich vollkommenen Sinn. Alle unsere Begriffe und Bilder, die wir für Gott bemühen, sind nur wie ein Richtungspfeil. In keinem von ihnen »haben« wir Gott. Alle schicken uns vielmehr auf den Weg zu Gott. Sie sind Einweisungen in ein Geheimnis, dem man nur in der Haltung der Anbetung gerecht wird. KEK Band I, Seite 36

Schöpfer der Welt: Im Credo bekennen wir von Gott, dass er alles geschaffen hat, Himmel und Erde, die sichtbare und die unsichtbare Welt. KEK,Band,Seite92

Personales Wesen: Das personale Wesen

Gottes ist die tiefste Begründung für die personale Würde jedes Menschen. Deshalb ist es ein Missverständnis zu meinen, Gott sei im Grunde nichts anderes als ein Ausdruck für ein gutes mitmenschliches Verhalten, eine bestimmte Art der Mitmenschlichkeit. Daran ist richtig, dass Gottes Liebe zu uns, unsere Liebe untereinander begründet. Die Liebe zu Gott ist unlösbar mit der Liebe zum Nächsten verbunden (vgl. Mk 12:30-31). Gott ist nie nur eine Privatsache und eine reine Herzensangelegenheit; unser Gottesglaube hat Bedeutung für die anderen. KEK Band I, Seite 75

Allmächtig: In Heil und Gericht erweist sich gleichermaßen Gottes Allmacht. Nur wenn Gott allmächtig ist, kann seine Liebe in jeder Situation wirkmächtig helfen und gegen alle Mächte und Gewalten des Bösen die Herrschaft der Liebe heraufführen. Nur wenn Gott die Allmacht der Liebe ist, bedeutet seine Liebe keine naive Verklärung der Welt, sondern deren Infragestellung und schöpferische Verwandlung. Nur eine allmächtige Liebe kann der Grund unserer Hoffnung sein. KEK Band I, Seite 65

Allwissend: Die verschiedenen Eigenschaften Gottes betrachten das eine Wesen Gottes in seinem Verhältnis zur Welt unter verschiedenen Gesichtspunkten. Da Gott Geist ist, weiß er um jeden und um alles, nichts kann ihm verborgen bleiben: Gott ist allwissend. Er wirkt auch alles in allem, nichts und niemand kann sich seiner Herrschaft entziehen: Gott ist allmächtig. KEK Band I, S71

Allgegenwärtig: Auf der anderen Seite ist Gott nicht neben oder über der Welt, er ist auch innerweltlich. Er ist uns in allen Dingen nahe. Wir können ihm in den gewöhnlichen wie außergewöhnlichen Ereignissen des Lebens begegnen. Vor allem begegnet er uns durch andere Menschen. Er durchdringt, umfängt, durchwaltet alles. Er ist grenzenlos, unendlich und deshalb allgegenwärtig. »In ihm leben wir, bewegen wir uns und sind wir« (Apg 17,28). Man nennt dies die Immanenz Gottes. KEK Band I, Seite 70

Barmherzig/gnädig: Gott ist gütig und barmherzig. Gottes Gerechtigkeit und Gottes Liebe sind kein Gegensatz. Denn die Liebe Gottes bedeutet, dass Gott jeden Menschen unbedingt annimmt; das schließt Gerechtigkeit ein, die jedem gibt, was ihm gebührt. KEK Band I, Seite 71

Gütig: Das Bekenntnis zu Gott dem allmächtigen Vater nennt Gott deshalb einerseits den Allmächtigen, der alles schafft, trägt und lenkt, der die Welt und die Geschichte in seiner Hand hält. Auf der anderen Seite ist dieser allmächtige Gott kein Despot und kein Tyrann, sondern ein gütiger Vater. Er kümmert sich, mehr noch als um das Gras des Feldes und um die Vögel in der Luft, um den Menschen (vgl. Mt 6,26-30). KEK, Band I, Seite 72

Gerecht: Denn die Liebe Gottes bedeutet, dass Gott jeden Menschen unbedingt annimmt; das schließt Gerechtigkeit ein, die jedem gibt, was ihm gebührt. Im biblischen Sinn meint die Gerechtigkeit Gottes sogar die gnädige Zuwendung Gottes zum Menschen, durch die der sündige Mensch erst gerecht wird. Gottes Gerechtigkeit ist also eine schöpferische und schenkende Gerechtigkeit, die sich aus reiner Liebe des Sünders erbarmt. KEK Band I, Seite 71.

Man kann auch die Eigenschaften Gottes definieren, in dem manche davon miteinander kombiniert wurden und noch werden.

1. Positiv durch Zuschreibung positiver Attribute, wie etwa gütig (positive Theologie).
2. Negativ, in dem man sagt, was Gott nicht ist, wie etwa unbegreifbar (negative Theologie).
3. Durch Zuschreibung von unbegrenzten Attributen, wie etwa 'all' (z. B. in allmächtig).

Ich habe dazu eine interessante, hoch philosophische Eigenschaftsbeurteilung im Internet von (**Volker Dittmar**) gefunden:

Wir kennen keine Objekte, die unbegrenzt sind. Wir erkennen Objekte dadurch, dass sie sich von anderen unterscheiden und dass man sie *eingrenzen* kann. Deswegen kann man Existenz auch grundsätzlich mit positiven Eigenschaften beschreiben, negative Eigenschaften sind die Eigenschaften der Nichtexistenz.
Wenn man also sagt, Gott sei unendlich, unsichtbar und unbegreifbar, dann kann man damit Nichts meinen – denn auch folgender Satz ist wahr: Das Nichts ist unendlich, das Nichts ist unsichtbar und das Nichts ist unbegreifbar. Eine solche Definition ist leer, sie enthält nichts mehr. Der Vorgang des Definierens selbst bedeutet stets ein Eingrenzen – ohne diese Grenzziehung enthalten wir leere

und/oder sinnlose Begriffe. Da aber Gott nicht eingegrenzt werden soll, kann er auch nicht definiert werden. Demnach wäre nämlich eine Definition stets falsch. Was aber nützt es, über einen Gott zu reden, über den man nichts weiß oder über den das, was man weiß, schlicht falsch ist? Damit landen wir bei der Eigenschaft »undefinierbar«. Wir können nur definieren, was existiert, die Nichtexistenz ist nicht definierbar und unbegrenzt. Man könnte auch sagen, *Gott hat alle Eigenschaften der Nichtexistenz.* Die Theisten befinden sich in einem Dilemma. Entweder definieren sie die Eigenschaften so, dass man etwas mit ihnen anfangen kann, dann begrenzen sie Gott. Damit wird der Gottesbegriff gleichzeitig anfällig für Kritik. So kann man anhand der Theodizee zeigen, dass Gott nicht gütig und allmächtig gleichzeitig sein kann. Da es den Theisten aber darum geht, ihren Gott vor Kritik zu schützen, müssen sie ihn negativ oder mit unbegrenzten Eigenschaften wie Allmacht, Ewigkeit, Unbegreifbarkeit etc. ausstatten. Aber damit sind die Definitionen zum einen leer, zum anderen haben sie Gott damit aus dem Bereich der Existenz entfernt. Denn wenn Existenz weiterhin ein sinnvoller Begriff sein soll, dann

funktionieren die theistischen Definitionen nicht.
Was ist also mit dem Begriff Gott?
Wenn dieser Begriff leer oder ohne Sinn
ist, dann macht auch all das Reden über
Gott keinen Sinn.
Die Theologen sind uns die wesentlichen
Antworten auf eine Vielzahl von Fragen
immer noch schuldig

Sie wissen weder, wie man an Erkenntnisse kommt, noch wie man deren Zuverlässigkeit prüfen kann, noch was erkennen, erklären oder verstehen in ihrem Rahmen eigentlich bedeuten soll. Sie dichten jedem dieser Worte in ihrem Zusammenhang ein »Geheimnis« an, was sie vor Kritik schützt – vermeintlich.

Kein glaubender Mensch kann sagen wie
Gott wirklich ist, aber ihm ist stets
klar, dass ein Kritiker an seinem
Glauben kein Recht mit seiner Kritik
hat.

Doch wer sich mit dem Thema bewusst
auseinander setzt, durchschaut
derartige Manöver.

Der Sinn des Lebens

Von vielen Gläubigen wird behauptet,
dass das Leben der Menschen ohne den
religiösen Glauben keinen wirklichen
Sinn macht. Man kann an dieser Stelle
in einen philosophischen Streit

verfallen, der zu nichts führt, oder es sein lassen und das Leben genießen.

Um den Sinn des Lebens zu erkennen, benötige ich keine Religion. Ich dachte immer mir stellt sich die Frage überhaupt nicht. Damit können sich Philosophen beschäftigen, die machen ja nichts anderes, als sich mit unlösbaren Problemen zu beschäftigen. Ich genieße mehr oder weniger mein Dasein, wie jedes andere Lebewesen, je nachdem wie es mir geht.

Doch im Zusammenhang mit der Glaubensfrage habe ich mir einige Gedanken gemacht. Einmal saß ich auf einer Parkbank und betrachtete eine kleine Ameise, die zwischen meinen Schuhen hin und her lief. In dem Moment fragte ich mich welchen Sinn zu leben wohl dieses winzige Tierchen wohl zu haben schien. Es war doch so klein, es konnte keinen Sinn zu leben haben. Dann musste ich aber an die noch kleineren Mikroben denken. Sie sind so klein, dass man sie mit bloßem Auge nicht mehr sehen kann.

Nur, von diesen ist bekannt, dass sie sehr wohl einen Sinn zu leben haben. Sie lockern beispielsweise das Erdreich. Das wiederum kommt den Planzen zu Gute die wiederum kleinen

Tieren zu gute. Ebenso hat auch "meine" Ameise seine Aufgabe in der Natur. Nun kann man den Gedanken weiter spielen und wird erkennen, dass Tiere anderen Tieren als Nahrung dienen. Doch was ist mit den Tierrassen die am Ende der Nahrungskette stehen? Welchen Sinn des Lebens wird den Tieren zugestanden? Da es Sie schon lange vor uns Menschen gab, kann ihr Sinn wohl kaum darin gelegen haben, uns Menschen als Nahrung zu dienen. Ich denke dabei an die fleischfressenden Saurier. Sie wurden ja später von uns Menschen ersetzt. Aber nur weil wir schlauer sind (zumindest sollte es so sein), als die Saurier rechtfertigt das noch keinen Grund für einen Sinn in unserem Leben. Der einzige Sinn zu leben scheint darin zu liegen die Erde zu zerstören und ein Leben auf diesem Planet unmöglich zu machen. Man ist ja schon auf dem "besten Weg". Siehe nur ein Beispiel: Die von Menschen verursachte Klimaerwärmung, oder irgendwann vielleicht ein weltweiter Atomkrieg. Da solche, oder ähnliche Lebensbrechtigungen keinem Gläubigen gefällt, halten sie sich an Götzen und Götter fest. In den Augen der Theisten macht es Sinn an diese Überwesen zu glauben und sie anzubeten. So können sie sich ein Weiterleben im Jenseits sichern. Das ist dann der Sinn ihres Lebens.

Das war und ist immer noch vielen so wichtig, dass dafür Menschen getötet wurden und noch werden. So gesehen kann die Erde durchaus auf uns Menschen verzichten.

Also, nicht soviel über den Sinn des Lebens nachdenken. Lieber so gut es geht, das Leben genießen. Solange uns der Zustand der Erde und unser Dasein es zulassen.

Oft nutzen Gläubige das Argument, dass ein Atheist nicht einfach behaupten könne, es gäbe keinen Gott. Anders herum dürften dann die Glaubenden nun auch nicht mehr behaupten, es gäbe nur einen einzigen Gott.

Vielleicht gibt es ja Millionen von Göttern, ohne dass wir es bemerken.

Schlusswort

Sicherlich kann man das Thema blumenreicher und abschweifender gestalten. Es würde aber am Kern nichts ändern.

Ich halte mich da an meine Volksschullehrerin, die immer sagte: „In der Kürze liegt die Würze."

Ich hoffe, dass mir die Gläubigen das Recht zugestehen anders zu denken als sie und es tolerieren, so wie ich es mit ihrem Glauben tun. Da ich nach ihrer Vorstellung sowieso im Fegefeuer enden werde, sollte es doch etwas leichtes für sie sein.

Rechtliches

Haftung für Inhalte

Gemäß § 7 Abs.1 TMG bin ich für eigene Inhalte auf dieser Seite nach den allgemeinen Gesetzen verantwortlich. Nach §§ 8 bis 10 TMG bin ich jedoch nicht verpflichtet, übermittelte oder gespeicherte fremde Informationen zu überwachen oder nach Umständen zu forschen, die auf eine rechtswidrige Tätigkeit hinweisen.

Urheberrecht

Die durch den Seitenbetreiber oder GastautorInnen erstellten Inhalte und Werke auf diesen Seiten unterliegen dem deutschen Urheberrecht. Die Vervielfältigung, Bearbeitung, Verbreitung und jede Art der Verwertung außerhalb der Grenzen des Urheberrechtes bedürfen der schriftlichen Zustimmung des jeweiligen Autors bzw. Erstellers. Downloads und Kopien dieser Seite sind nur für den privaten, nicht kommerziellen Gebrauch gestattet. Soweit die Inhalte auf dieser Seite nicht vom Betreiber erstellt wurden, werden die Urheberrechte Dritter beachtet. Insbesondere werden Inhalte Dritter als solche gekennzeichnet.

Ende

Ich möchte allen danken, die mir geraten haben diesen Katechismus zu schreiben.

Also: Niemandem

Herstellung und Verlag:
BoD - Books on Demand, Norderstedt
ISBN 978-3-7448-2952-6